A PALAVRA
e o Expositor Espírita

FRANCISCO ABRANTES

A PALAVRA
e o Expositor Espírita

Aliança

2ª edição, Maio/2023, 2º milheiro

Título
A Palavra e o Expositor Espírita

Autor
Francisco Abrantes

Revisão
Antônio Roberto de Carvalho

Diagramação
Marina Quicussi

Capa
Sônia M. Silva

Impressão
Rettec Artes Gráficas e Editora Ltda.

Ficha Catalográfica

Dados Internacionais de Catalogação na Publicação (CIP)
— Câmara Brasileira do Livro | SP | Brasil —

Abrantes, Francisco
A palavra e o expositor espírita / Francisco Abrantes. - São Paulo: Editora Aliança, 2019.

ISBN: 978-85-8364-080-6 / 256 páginas

1. Espiritismo 2. Espiritismo - Doutrina
3. Espiritismo - Estudo I. Título.

9-30508 CDD-133.90107

Índice para catálogo sistemático:

1. Espiritismo : Estudos : Doutrina espírita 133.90107

Iolanda Rodrigues Biode - Bibliotecária - CRB-8/10014

Editora Aliança

Rua Major Diogo, 511 - Bela Vista - São Paulo - SP
CEP 01324-001 | Tel.:(11) 2105-2600
www.editoraalianca.com.br | editora@editoraalianca.com.br

SUMÁRIO

TEMA

PARTE 3 - SENTIMENTO

PARTE 4 - COMPLEMENTAR

／ AGRADECIMENTOS

Ao Movimento Espírita como um todo, mais especificamente ao Grupo Fraternidade Cristã integrado à Aliança Espírita Evangélica. Casa que me acolheu gentil, solidária e carinhosamente, ofertando sua generosa e valorosa ajuda, no momento certo e oportuno. Posteriormente abrindo espaços para o meu humilde trabalho em suas frentes, orientando-me e facilitando o entendimento dos postulados e valores da Doutrina e, consequentemente, da Causa como um todo – vasto campo de trabalho redentor.

Agradecimentos profundos à minha querida família: mãe, esposa e filhos que sempre me incentivaram nesta estrada.

Esse material foi compartilhado previamente com um grupo de amigos e companheiros de ideal. De alguns recebi valorosas e preciosas dicas, sugestões e comentários que foram plenamente incorporados neste material. A todos, de forma indistinta e amoravelmente, os meus profundos e sinceros agradecimentos pela atenção, amizade e generosidade.

Gratidão!

INTRODUÇÃO

Com o objetivo de gerar conteúdo e reunir todo o conhecimento disponível e possível para capacitar a todos os que se interessarem em falar em público, reuni neste livro, material fruto de pesquisa realizada e de treinamentos neste campo durante anos, onde voluntariamente habilitei alunos, capacitando-os a falar em público, perdendo o medo e o nervosismo. Não criei nenhum conceito ou teoria, muito menos metodologia, a minha contribuição é humilde e pequena e se restringiu à compilação de todo material relativo ao tema.

A proposta é trazer um conjunto de material para que os interessados possam estudar e se aprimorarem no uso responsável da palavra diante da oratória espírita, com o intuito de levá-la o mais longe possível, tornando-se instrumentos na propagação da Boa Nova, que é o Espiritismo.

Uma Casa Espírita tem basicamente duas Missões na Comunidade em que está inserida, quais sejam: Doutrinar – aproximando os ouvintes, simpatizantes, alunos e participantes de uma reunião, dos postulados e princípios da Doutrina (por isso doutrinar) e na outra ponta; assistir quem nos procura – aliviando suas dores e sofrimentos por meio do processo magnético e místico dos Passes Espirituais e Assistência de modo geral. Na área do Doutrinar temos a presença importante e relevante dos Expositores Espíritas, responsáveis por levar com exatidão, precisão, coerência, rigor e pureza todos os Ensinamentos da Doutrina. Como nos demais campos de Atividade dentro do Espiritismo, a área de Estudos e Doutrinação, não pode ser exercitada, apenas e tão somente, baseada na boa vontade e pelos sentimentos de amor, desprendimento, fraternidade e caridade, dentre outros atributos do Colaborador, por mais esforçado e devotado que ele esteja à Tarefa. Em todas as Atividades, de modo geral, dentro de uma Casa Espírita, há de se desenvolver as habilidades necessárias e pertinentes, capacitando-se sobretudo, por meio do estudo, de cursos e do treino.

Entretanto, mais do que saber transmitir uma mensagem com pureza, exatidão e tecnicamente correta, neste campo, ou seja, da Exposição

Espírita, não basta ter o "dom da palavra", saber falar em público, ser eloquente e persuasivo. Essa técnica pode-se apreender e desenvolver. Buscamos ir além de longas palestras, apresentações tecnicamente impecáveis e de aulas repletas de conteúdo e conhecimento.

Queremos desenvolver uma habilidade adicional em nossos alunos e estudiosos do tema, que é a capacidade de motivar os seus ouvintes, de levá-los a profundas reflexões que os façam sair de uma aula, preleção ou apresentação se não comprometidos, pelo menos, estimulados/motivados com a mudança interior, não somente pelo fato de ouvirem o tema e se identificarem com a exposição, mas sobretudo, pela Vivência, Experiência e Sentimentos que o Expositor colocou na apresentação. Não significa que se dedicarão, imediatamente, ao processo de Reforma Íntima por conta disso, (até porque, sabemos que esse é um processo de "dentro para fora" e que ninguém pode motivar ninguém – o Ser tem que entender, amadurecer e então se automotivar!), mas que se sentirão mexidos e compelidos a pensar sobre o tema.

Por isso esse livro está dividido em três partes fundamentais e uma quarta, complementar:

Parte 1 – Técnica

Parte 2 – Conhecimento

Parte 3 – Sentimento

Essa divisão segue uma didática que busca ressaltar a importância de cada aspecto, com o objetivo precípuo de sobrepor a emoção, fruto do Sentimento contido na apresentação, sobre os demais aspectos. Contudo, não significa que a Técnica e o Conhecimento não sejam igualmente importantes, na verdade são preponderantes. De forma alguma podemos aceitar que ocorram apresentações que não sejam estruturadas nestes dois pilares. Entretanto, queremos que o palestrante salte da apresentação tecnicamente correta e brilhantemente enriquecida de conteúdo, para o patamar de agregar a estas ferramentas o seu testemunho, a sua verdade, a sua emoção, valorizando sobremaneira a aula proferida.

É cômodo para o palestrante falar muito e trazer uma quantidade excessiva de informação e, o pior, acomoda o aluno ou ouvinte que só ouve e não participa, não interage e não se envolve.

Em muitas ocasiões e com uma quantidade expressiva de alunos e/ ou ouvintes, ao se perguntar o que acharam da aula e/ou apresentação ao findar a palestra, temos os seguintes relatos:

- "Exatamente sobre o que ele falou mesmo?"
- "...hummm não entendi muito bem, mas como o Sr. Fulano de tal fala bonito!"
- "Quanta informação!! Benza Deus! Gostei muito!!"
- Outras reações são de que: "...dormi boa parte da aula".

Justamente o que buscamos é a efetiva participação de todos dentro da sala. Aula ou apresentação interessante é aquela que abre oportunidades para o aluno expor suas experiências e seus sentimentos, de modo espontâneo e natural e não aquela repleta de informação e recursos técnicos.

Não queremos ouvintes, queremos participantes ativos, deixando os seus testemunhos, manifestando os seus sentimentos.

Coincidentemente ou não (já que não existe coincidência), a estruturação desta didática em três pilares está associada aos 3 pilares da Doutrina Espírita, que são: Ciência, Filosofia e Religião.

Ciência intrinsecamente ligada com a Técnica, que busca explicação coerente e correta para toda afirmação; Filosofia com o Conhecimento, onde somos convidados ao exercício do livre pensar, refletir, analisar e, sobretudo, questionar, tornando-nos homens livres e detentores do nosso direcionamento e por fim, mas não menos importante como já sabemos, a Religião, atrelada com o pilar do Sentimento, parte mística e impenetrável – muitos seres nem sequer adentraram ainda o seu Deserto Interior e buscaram o autoconhecimento. Por isso esse pilar é o foco deste livro, iremos enfatizar a importância de se estimular o aluno/ouvinte a uma reflexão que o leve voluntária ou mesmo que involuntariamente à busca pelo seu Eu Interior.

Esperamos que ao fim desta leitura e estudo, o leitor possa estimular-se a seguir nessa longa estrada que considero um ministério – o de ser Propagador da Boa Nova de Jesus Cristo!

A PALAVRA POR MEIMEI

Do livro: *Caminho Espírita* / Psicografia: Francisco Cândido Xavier

ORAÇÃO DIANTE DA PALAVRA

Senhor!

Deste-me a palavra por semente de luz.

Auxilia-me a cultivá-la.

Não me permitas envolvê-la na sombra que projeto.

Ensina-me a falar para que se faça o melhor.

Ajuda-me a lembrar o que deve ser dito e a lavar da memória tudo aquilo que a tua bondade espera que se lance no esquecimento.

Onde a irritação me procure, induze-me ao silêncio e, onde lavre o incêndio da incompreensão ou do ódio, dá que eu pronuncie a frase calmamente que possa apagar o fogo da ira.

Em qualquer conversação, inspira-me o conceito certo que se ajuste à edificação do bem no momento exato e, faze-me vigilante para que o mal não me use em favor da perturbação.

Não me deixes emudecer diante da verdade, mas conserva-me em tua prudência, a fim de que eu saiba dosar a verdade em amor, para que a compaixão e a esperança não esmoreçam junto de mim.

Traze-me o coração ao raciocínio, sincero sem aspereza, brando sem preguiça, fraterno sem exigência e, deixa Senhor, que a minha palavra te obedeça a vontade hoje e sempre.

MEIMEI

A PALAVRA POR JOANA DE ANGELIS

Do livro: *Convites da Vida* / Psicografia: Divaldo Pereira Franco

Instrumento valioso é a palavra, doação divina, para o elevado ministério do intercâmbio entre os homens.

Resultado de notáveis experiências, o homem nem sempre a utiliza devidamente, dominado pela leviandade.

Embora o ser humano, com raras exceções expiatórias, seja dotado de recurso vocálico, somente poucos dele se servem com a necessária sabedoria, de modo a construir esperanças, balsamizar dores e traçar rotas de segurança.

Do livro: *Episódios Diários* – cap. 11 / Psicografia: Divaldo Pereira Franco

Poderoso veículo de comunicação, a palavra é instrumento que poucos utilizam como deveriam. A boa palavra ergue e consola, ensina e corrige, ampara e salva.

(...) Dispõe desse abençoado instrumento para preservar a vida e enriquecê-la de bênçãos, que é a palavra.

Usa o verbo com sabedoria, ensinando, ajudando e impulsionando as pessoas ao avanço, ao progresso.

A PALAVRA POR EMMANUEL

Do livro: *Fonte Viva* / Psicografia de Chico Xavier

Cada vez que arrojamos para fora de nós o vocabulário que nos é próprio, emitimos forças que nos destroem ou edificam, que nos solapam ou restauram, que ferem ou balsamizam.

Do livro: *O Consolador* / Psicografia de Chico Xavier

Pergunta 124: Qual a importância da palavra humana para as conquistas evolutivas do Espírito?

A palavra é um dom divino, quando acompanhada dos atos que a testemunhem; e é por meio de seus caracteres falados ou escritos que o homem recebe o patrimônio de experiências sagradas de quantos o antecederam no mecanismo evolutivo das civilizações. É por intermédio de seus poderes que se transmite, de gerações a gerações, o fogo divino do progresso na escola abençoada da Terra.

Da mensagem: *Caridade da Palavra* / Psicografia de Chico Xavier

Lembra-te da caridade da palavra, a fim de que possas praticar o amor que o Mestre ensinou e exemplificou. As guerrilhas da língua, há séculos, exterminam mais existências na Terra, que todos os conflitos internacionais.

A PALAVRA POR JESUS

"Mas seja o vosso falar: sim, sim; não, não."
Mateus 5: 37

"...a boca fala do que está cheio o coração."
Lucas 6: 45
Mateus 12:34

"Não saia da vossa boca nenhuma palavra imoral e sim unicamente, a que for boa para promover a edificação, para que dê graças aos que a ouvem."
Paulo – Efésios 4:29

"Digo-vos que de toda palavra frívola que proferirem os homens, dela darão conta no dia do juízo e pelas suas palavras serão condenados."
Mateus 12: 36-37

"O que contamina o homem não é o que entra pela boca, mas sim o que sai da boca."
Mateus 15: 11

“Falar é prata, calar é ouro”

A PALAVRA

A palavra (do latim *parábola*, do grego *parabolé*) no contexto deste livro é muito mais do que um conjunto de letras ou sons de uma língua, ou até mesmo da ideia associada a este conjunto de letras, como de modo geral define-se palavra.

As palavras e os atos, como passo seguinte, exteriorizam e, consequentemente, materializam os nossos sentimentos e pensamentos. "A linguagem é o modo de o pensamento se tornar efetivo. Pois não há pensamento sem discurso. Ninguém pode pensar sem palavras", Schleiermacher (*Hermeneutik und Kritik*).

É um atributo divino e, sobretudo, é a expressão da inteligência sobre a Terra. É capaz de exercer um poder que vai além das nossas capacidades, produzindo efeitos impossíveis de serem mensurados. Está intimamente ligada à condição psíquica, moral e mental do seu emissor. E será absorvida, assimilada, entendida, compreendida e praticada de acordo, também, com a capacidade intelectual, psíquica e moral do receptor – o destino final da emissão. Vejamos que já temos dois polos antagônicos no campo onde a Palavra pode e deve ser usada – Emissor e Receptor.

Iremos abordar nesse livro a importância da Palavra no contexto geral e, mais especificamente, a sua grande importância e relevância na oratória espírita.

As palavras esclarecem, orientam e estimulam as pessoas a seguirem além das suas atuais convicções, crenças e valores. Tudo, claro, dependerá de quem a estiver manipulando, daí a grande responsabilidade de quem tem o dom de se expressar e de levar a palavra para além das fronteiras de seus pensamentos.

A eloquência é um atributo que faz com que um indivíduo, por meio do uso correto das palavras, expressando-se de forma coordenada e elegante, consiga mover as pessoas, persuadindo-as a seguirem os impulsos e os aconselhamentos das suas palavras. Neste mister, a eloquência é mais do que falar bem e com elegância, é a capacidade de convencer e motivar as pessoas por meio das palavras, como poderemos ver em detalhes no capítulo 1 da Parte Técnica, onde trataremos sobre Conceitos da Comunicação.

Por isso a palavra é um perigoso instrumento na boca (num plágio de "na mão") daqueles que buscam manipular, conduzir e induzir pessoas a atenderem seus interesses mais vis e materiais. São capazes de mover montanhas e arrastar multidões com o dom da palavra. Falsos profetas! Geralmente usam de um antigo provérbio que diz: "Façam o que digo, mas não façam o que eu faço."

Formas-pensamentos são materializações no campo astral, via emissão dos nossos pensamentos, como já sabemos. As nossas palavras têm a mesma capacidade, alterando o campo astral e magnético do ambiente de forma substancial e direta. A Doutrina Espírita explica isso de forma muito esclarecedora, orientando-nos e, ao mesmo tempo, nos alertando para a responsabilidade de se controlar a verbalização dos nossos sentimentos e pensamentos, que são – nada mais e nada menos – que as palavras. Por exemplo: uma casa onde se discute muito e as pessoas se xingam e usam palavras de baixo valor moral, terá um ambiente astral pesado com carga tendendo ao negativo. Da mesma forma, quando em grupos de amigos nos juntamos para falar mal de outro amigo ou quando um grupo de colegas do trabalho se junta para falar mal da empresa ou do chefe, cria-se uma cúpula energética densa e negativa. Há de se ressaltar que o oposto também é verdadeiro. Tudo isso fruto das emissões vocálicas das palavras carregadas do sentimento que materializam.

No livro *Obreiros da Vida Eterna*, psicografia de Chico Xavier, no capítulo 2 – Santuário da Bênção, o Espírito André Luiz fala sobre o poder das palavras, vejamos:

"A Palavra cria um campo favorável aos nossos propósitos de serviço."

A palavra é um elemento revelador da amizade entre as pessoas. Quanto mais amizade houver, mais se fala e mais se usa da espontaneidade no uso da mesma entre os amigos, representando também união e companheirismo, que se manifesta viva, especialmente, nas conversas entre namorados e casais. Por isso, quando se rompe uma amizade ou relacionamento, deixa-se imediatamente de se falar com a outra pessoa. Pode até acontecer de encontrarem-se, um com o outro, casualmente na rua, num estabelecimento qualquer ou em casa de amigos, oportunidade em que poderão até dar a passagem ou fazer um aceno, ser educado e cortês, mas a palavra é recusada em sinal da amizade rompida. Por isso, para fazer as pazes, há aquele momento difícil do pronunciar a primeira palavra, alicerçado essencialmente pelo defeito do orgulho e da vaidade – já sabemos; mas também pelo receio de ela não ser bem recebida ou correspondida. Neste exemplo a palavra significa reconciliação, supremacia do respeito, da fraternidade e da amizade entre as pessoas.

Novamente André Luiz esclarece no livro *Agenda de Luz*:

"A palavra de bondade é semente de simpatia. O diálogo construtivo é terapêutica restauradora. Conversando, podemos criar saúde ou enfermidade, levantar ou abater, recuperar ou ferir. A nossa palavra, enfim, pode ser uma ofensa ou uma bênção e é o uso dessa força que equilibra ou desequilibra, obscurece ou ilumina, ergue ou abate."

Tenhamos certeza de que seremos cobrados integralmente por toda palavra emitida.

"O ser humano é senhor da palavra não proferida e escravo da que proferiu."

Tal qual uma flecha após ser lançada, não conseguiremos mais voltar ao passado e evitar que a mesma siga e produza os estragos, ferindo, machucando e marcando por muito tempo, senão para sempre, o alvo atingido.

Assim age a palavra mal proferida.

Em síntese: Temos total controle pelas palavras não ditas, mas somos escravos daquelas proferidas. Não podemos voltar no tempo, nem tampouco controlar os efeitos que a mesma produzirá, e também, nem pelo tempo que permanecerá como ferida e posteriormente cicatriz, produzindo dor, sofrimento, amarguras e lembranças. Por essa razão, sempre devemos pensar antes de usar a nossa língua a fim de não criarmos embaraços, dor e sofrimento para os outros e/ou iniciar, possivelmente, uma inimizade com a palavra mal proferida.

Jesus nos advertiu sobre o mau uso das palavras, dizendo:

"Digo-vos que de toda palavra frívola que proferirem os homens, dela darão conta no dia do juízo e pelas suas palavras serão condenados."

(Mateus 12: 36 - 37).

Reforçando o ensinamento de Jesus, temos que:
"falar pouco e certo é dizer muito em poucas palavras."

Pensar, mensurar, refletir, analisar e repensar.... certamente são práticas importantíssimas para se evitar o erro da palavra proferida sem responsabilidade, carinho e atenção.

Devemos, portanto, policiar nossas palavras, aqui e agora – no presente, para que não venhamos a nos arrepender no futuro.

Por isso, em todos os cursos que ministramos, ressaltamos a importância da escutatória, na maioria das vezes, em detrimento da oratória. Quem escuta, aprende, entende, reflete e se prepara para falar com propriedade e responsabilidade.

Lembremo-nos de que tudo o que dissermos permanecerá em nossa atmosfera mental, atraindo aqueles que pensam da mesma forma, incluindo os Espíritos, que passarão a formar o círculo ao nosso redor e, potencialmente, alterando o nosso campo astral. Vamos atrair para nossa vivência, amigos devotados por meio das nossas palavras, voltados sempre para o bem e o amor ao próximo.

Nosso pequeno mundo individual é também criado pelas nossas palavras, pois, como já dito anteriormente, são manifestações dos nossos sentimentos e pensamentos.

A boa educação se manifesta principalmente por meio das palavras que pronunciamos. Se nossas palavras forem ásperas, muitas vezes fruto de se observar em cada pessoa um adversário, a nossa existência se tornará uma tragédia, um campo de batalhas.

Por meio das palavras, positivas e otimistas, amáveis e delicadas, sinceras e animadoras, entre outras, podemos criar um mundo de paz e harmonia, de saúde e felicidade ao nosso redor, ou seja, nosso próprio universo.

O ESCRAVO ESOPO E A LÍNGUA

Esopo era um escravo de rara inteligência que servia à casa de um conhecido chefe militar da antiga Grécia. Certo dia, em que seu patrão conversava com outro companheiro sobre os males e as virtudes do mundo, Esopo foi chamado a dar sua opinião sobre o assunto, ao que respondeu seguramente:

— Tenho a mais absoluta certeza de que a maior virtude da Terra está à venda no mercado.

— Como? – perguntou o amo, surpreso. – Tens certeza do que está falando? Como podes afirmar tal coisa?

— Não só afirmo, como, se meu amo permitir, irei até lá e trarei a maior virtude da Terra.

Com a devida autorização do amo, saiu Esopo e, dali a alguns minutos voltou carregando um pequeno embrulho. Ao abrir o pacote, o velho chefe encontrou vários pedaços de língua e, enfurecido, deu ao escravo uma chance para explicar-se.

— Meu amo, não vos enganei – retrucou Esopo. — A língua é, realmente, a maior das virtudes!

Com ela, podemos consolar, ensinar, esclarecer, aliviar e conduzir.

Pela língua, os ensinos dos filósofos são divulgados, os conceitos religiosos são espalhados, as obras dos poetas se tornam conhecidas de todos.

— Acaso podeis negar essas verdades, meu amo?

— Boa, meu caro – retrucou o amigo do amo. — Já que és desembaraçado, que tal trazer-me agora o pior vício do mundo.

— É perfeitamente possível, senhor. E, com nova autorização de meu amo, irei novamente ao mercado e de lá trarei o pior vício de toda a terra.

Concedida a permissão, Esopo saiu novamente e dali a minutos voltava com outro pacote semelhante ao primeiro. Ao abri-lo, os amigos encontraram novamente pedaços de língua. Desapontados, interrogaram o escravo e obtiveram dele surpreendente resposta:

— Por que vos admirais de minha escolha? Do mesmo modo que a língua, bem utilizada, se converte numa sublime virtude, quando relegada a planos inferiores se transforma no pior dos vícios. Por meio dela tecem-se as intrigas e as violências verbais. Por meio dela, as verdades mais santas, por ela mesma ensinadas, podem ser corrompidas e apresentadas como anedotas vulgares e sem sentido. Por meio da língua, estabelecem-se as discussões infrutíferas, os desentendimentos prolongados e as confusões populares que levam ao desequilíbrio social.

— Acaso podeis refutar o que digo? – indagou Esopo.

Impressionados com a inteligência invulgar do serviçal, ambos os senhores se calaram, comovidos, e o velho chefe, no mesmo instante, reconhecendo o disparate que era ter um homem tão sábio como escravo, deu-lhe a liberdade.

Esopo aceitou a libertação e tornou-se, mais tarde, um contador de fábulas muito conhecido da antiguidade e cujas histórias até hoje se espalham por todo o mundo.

Autor desconhecido

PARTE I
TÉCNICA

1
CONCEITOS DE COMUNICAÇÃO

"Comunicação é a arte de ser entendido."
Peter Ustinov

Comunicação vem do Latim *comunicare* que significa tornar comum, partilhar, trocar opiniões, conferenciar.

Todas as atividades humanas são afetadas e podem ser promovidas por meio da comunicação. Cada gesto, palavra, postura, olhar é, na verdade, linguagem de comunicação. Até mesmo o silêncio expressa um tipo de comunicação, ou você nunca ouviu falar: "...quem cala consente!"

É elemento fundamental no relacionamento, na socialização e na convivência entre grupos de qualquer espécie.

Os elementos do processo comunicativo são:

- **Emissor:** É a fonte da comunicação, indivíduo que toma a iniciativa, que envia a mensagem.
- **Mensagem:** Conteúdo da comunicação, pode ser falado, escrito, desenhado, etc., dependendo do canal de comunicação.
- **Canal de comunicação:** Meio pela qual a mensagem é transmitida (escrita ou falada).
- **Receptor:** Aquele que recebe a mensagem e a interpreta.
- **Ruídos:** Interferências no processo de comunicação (em qualquer elemento do processo), exemplos:

  ✓ No emissor: Gagueira, atitude imprópria, desconhecimento, defeitos de linguagem, etc.

  ✓ Na mensagem: Falta de dados, de clareza, de objetividade, etc.

  ✓ No receptor: Surdez, falta de atenção, leitura deficiente, etc.

✓ No canal: barulhos, defeitos em aparelhos, erros gráficos, etc.

A comunicação é uma arte, uma força que deve ser bem desenvolvida e devidamente aplicada, pois possibilita na essência, construção ou destruição, dependendo do uso que se faz da mesma.

ARTICULAÇÃO

As palavras devem ser pronunciadas em um ritmo que não cause forçamentos levando-nos a prejudicar a dicção, engolindo sílabas que dificultam o entendimento da mensagem.

Articular é tornar as palavras distintas, utilizando todos os recursos faciais para tal. É ter clareza e nitidez.

Devemos aproveitar os recursos faciais para movimentação de:

- Lábios
- Língua
- Mandíbula
- Musculatura da face

Pode ser adquirida pela leitura de poesias em voz alta.

Fazer exercícios de "trava-línguas" repetindo as que se tem mais dificuldades de fluência. Vejamos (apenas como exemplo):

1) A grande gralha grua na grama da granja de grão.

2) Chuche sem cessar cem salsichões sem salsa e sem sal.

3) Se cem serras serram cem cigarros, seiscentas serras serrarão seiscentos cigarros.

4) O solo está enladrilhado, quem o desenladrilhará? O desenladrilhador que o desenladrilhar, bom desenladrilhador será.

5) Compadre, compre você pouca carpa parda, porque aquele que pouca carpa parda compra, pouca carpa parda paga. Eu, que pouca carpa parda comprei, pouca carpa parda paguei.

RITMO E ENTONAÇÃO

Variar a velocidade, que nunca deve ser superior a quatro sílabas por segundo.

Velocidades muito altas proporcionam falta de entendimento por parte dos ouvintes, ou seja, se você falar muito rápido dificultará em muito a absorção do conteúdo, propiciará agitação e quebra vibracional no ambiente. Por outro lado, os ritmos muito lentos causam apatia, sonolência e dispersão. Usar um ritmo natural de conversa e variar a velocidade quando se quer expressar algo forte, conciso (mais rápido) ou algo mais doce, mais amoroso (mais lento).

As pausas são necessárias para que os ouvintes tenham tempo de absorver as ideias, raciocinar sobre a sequência dos assuntos entre outros aspectos. Pequenas pausas de 1, 2 segundos não são perceptíveis, e até são agradáveis, tirando o ritmo "alucinante" da apresentação.

Uma boa forma de usar as pausas é fazer valer a pontuação. Articular as frases com todas as vírgulas, pontos e parágrafos permite um entendimento pleno da ideia a ser transmitida.

A pontuação mal aplicada pode distorcer o sentido de uma frase e colocar a perder todo o esforço de entendimento do assunto.

Vejamos, a mesma sentença com diferentes pontuações:

- Amigo José engana-se na análise dos fatos em São Paulo.
- Amigo José engana-se na análise dos fatos em São Paulo?
- Amigo, José engana-se na análise dos fatos em São Paulo.
- Amigo, José engana-se na análise dos fatos em São Paulo?
- Amigo José: Engana-se na análise dos fatos, em São Paulo.
- Amigo José: Engana-se na análise dos fatos em São Paulo?
- Amigo José engana-se na análise dos fatos, em São Paulo.

E se considerarmos somente o uso da vírgula:

- Vírgula pode ser uma pausa... Ou não.

Não, espere.

Não espere.

Ela pode sumir com seu dinheiro:
23,4.
2,34.

• Pode criar heróis:
Isso só, ele resolve.
Isso só ele resolve.

• Ela pode ser a solução:
Vamos perder, nada foi resolvido.
Vamos perder nada, foi resolvido.

• A vírgula muda uma opinião:
Não queremos saber.
Não, queremos saber.

• A vírgula pode condenar ou salvar:
Não tenha clemência!
Não, tenha clemência!

Crédito: ABI (Associação Brasileira de Imprensa).

Um bom treinamento para ajustar o nosso ritmo e a nossa entonação. Exercite!!

ORATÓRIA E RETÓRICA

São palavras com significados bem diferentes, mas ambas pertencem ao campo da comunicação.

A oratória é uma metodologia usada para desenvolver a arte de se falar em público, de maneira objetiva e clara, atraindo a atenção dos ouvintes. É composta por técnicas que envolvem a estrutura da comunicação, conteúdo, a dicção e a postura corporal, entre os aspectos mais importantes.

A retórica está mais ligada à capacidade mental e intelectual do orador. Preocupa-se, essencialmente, com o conteúdo e tem como função persuadir o interlocutor. A eloquência do orador demonstra a sua habilidade em usar a retórica no discurso. Não está necessariamente vinculada à ação de falar diante dos outros; pode-se ter uma boa retórica apenas se expressando por escrito, por exemplo.

A grande dificuldade que se enfrenta ao falar em público está diretamente relacionada com a oratória e não com a retórica.

A boa notícia é que a oratória é uma habilidade que pode ser aprendida e treinada, foco deste livro.

A VOZ

É o espelho da personalidade humana. É ela que nos apresenta ao mundo, por meio dos sons. Podemos afirmar que cada voz é única em suas vibrações, na sua textura, nos seus tons e musicalidade.

Pela voz, mostramos ao mundo quem somos, o que sentimos e, potencialmente, como vemos as coisas.

É por intermédio da voz que as pessoas também revelam seu entusiasmo, sua ansiedade, disposição, cansaço, estado de humor, interferindo de modo decisivo na efetividade da nossa comunicação social, profissional, sentimental e determinando a própria personalidade e o estado de espírito de quem fala, pois a voz sofre muita influência de hormônios e de nossas emoções.

A voz – nossa fala, associada aos gestos, ao olhar, às expressões corporais e à postura, compõe um poderoso instrumental da comunicação humana. É um instrumento delicado que adquirimos, ou seja, a habilidade de transmitir e cada um tem sua peculiaridade neste mister. É tão importante quanto a mensagem que se quer transmitir, pois é a voz que dá, ou não, credibilidade ao conteúdo. Qualquer desencontro entre o conteúdo e a forma será notado. Exemplo: transmita uma mensagem em tom de voz jocoso e verá que a credibilidade será totalmente afetada.

A nossa voz é produzida pela vibração das pregas vocais, som que é modificado nos ajustes que ocorrem à sua passagem pelas cavidades de ressonância (laringe, faringe, boca, nariz), onde ele é ampliado e modificado, por isso nós não nos ouvimos como os outros nos ouvem.

A voz muda ao longo da vida, acompanhando nosso desenvolvimento biopsicossocial.

Faz parte da estruturação positiva da autoimagem reconhecer as características e a capacidade da própria voz, aproveitar o que elas têm de mais expressivos e adaptá-las à situação e à mensagem.

Cuide da sua voz como um instrumento precioso, porque o aprimoramento vocal é um requisito do sucesso!

Aspectos da voz:

- **Tonalidade (timbre):** característica vocal própria;
- **Intensidade:** volume da voz;
- **Projeção:** alcance da voz no espaço;
- **Entonação:** modulação na emissão de uma sentença.

Desde 1999, o Brasil celebra o Dia Mundial da Voz, em 16 de abril.

A FALA

É a capacidade mecânica de emitirmos sons. Demonstra clareza e compreensão aos ouvintes do que se quer emitir.

É diferente da voz que tem o som produzido pelo ar que sai dos pulmões, atravessa a laringe, vibrando nas pregas vocais. A fala é o som articulado após a passagem pelas pregas vocais, é moldado pela garganta, dentes, língua, bochechas e lábios.

Para falar ou cantar movimentamos, aproximadamente, cerca de uma dúzia de músculos da laringe, em especial as pregas vocais. Chegando à boca, como já mencionado anteriormente, o som é articulado graças à ação da língua, dos lábios, dos dentes, do véu palatino, do assoalho da boca, bochechas e lábios.

Falar requer um fluxo de ar expiratório (ar que sai) capaz de ativar a vibração das pregas vocais. É comum apresentarmos um certo desequilíbrio entre a respiração e a fala, pois essa coordenação é complexa, porém podemos capacitá-la ao máximo por meio de exercícios de articulação (dicção).

DICÇÃO

Por inúmeros fatores, incorporamos formas inadequadas de produzir a voz e, consequentemente, a fala. Ao longo do tempo, por hábito, costume ou comodismo pronunciamos mal as palavras e utilizamos muletas verbais que acabam por se transformar em obstáculos à nossa comunicação.

Dicção é a forma como uma pessoa articula e pronuncia as palavras. Dessa maneira, não ter uma boa dicção significa não se expressar oralmente da maneira adequada.

Um bom exercício para melhorar este aspecto da fala é ler textos em voz alta com algum obstáculo na boca, como o dedo indicador dobrado sobre os dentes inferiores ou um lápis. Durante a leitura, você deve ler as palavras pronunciando cada sílaba sem cometer erros comuns, como esquecer dos fonemas **/i/** e **/s/** em algumas palavras. Cantar traz melhorias significativas para a articulação. Para controlar o progresso é bom gravar a sua voz e ouvir, assim há registro mental das melhorias obtidas também.

A RESPIRAÇÃO

A respiração é um aspecto fundamental na hora de falar. Fale devagar, calmamente e sem atropelos para não ficar ofegante e evite respirar pela boca.

Existem exercícios que colaboram para melhorar a respiração, trazendo mais tranquilidade, como por exemplo:

• Respiração diafragmática

Para fazer esse exercício deite-se com os pés um pouco afastados, com os braços colados ao corpo e com as palmas das mãos viradas para cima.

Depois respire pelo nariz suavemente, apoie uma das mãos sobre o peito e coloque a outra logo abaixo da costela, deverá encher a barriga, movimentando-a. Continue respirando fundo e expirando, até se sentir calmo.

Durante a apresentação procure manter este tipo de respiração, movimentando-se a barriga, com inalação adequada (profunda e controlada), com isso descongestionamos o acúmulo sanguíneo formado na região, reduzimos a frequência cardíaca, oxigenamos melhor as células, facilitando o raciocínio, a concatenação de ideias e análise crítica.

• Inspirar e Expirar

Ao promover esses movimentos deve-se falar simultaneamente, aumentando o fluxo de entrada e saída de ar. Vejamos:

Ao expirar conte em voz alta: 1, 2, 3, 4, 5, 6, 7 ..... até o máximo que conseguir, tendo como meta chegar a 60.

Inspirar e expirar várias vezes lentamente e pronunciar: P B T D G Q (exercício de domínio da expiração). Estas são as consoantes "oclusivas", as que gastam mais ar na pronúncia.

• Nadi Shodhana

Neste tipo de exercício é preciso sentar e colocar o dedo médio e o indicador da mão direita entre as sobrancelhas. Depois disso expire, em seguida tape a narina direita com seu polegar (se estiver com a mão direita) e inspire. Solte o polegar, tape a narina esquerda com o anelar e expire. Repita esse movimento alternando as narinas. Faça esse processo doze vezes.

LINGUAGEM

É a capacidade que possuímos de expressar nossos pensamentos, ideias, opiniões e sentimentos.

Está relacionada a fenômenos comunicativos – onde há comunicação, há linguagem! Podemos usar inúmeros tipos de linguagens para estabelecermos atos de comunicação, tais como: sinais, símbolos, sons, gestos e regras com sinais convencionais (linguagem escrita e linguagem mímica, por exemplo).

Num sentido mais genérico, a Linguagem pode ser classificada como qualquer sistema de sinais de que se valem os indivíduos para comunicar-se.

Existem dois tipos de Linguagem:

• **Verbal:** faz uso das palavras para comunicar algo. Usa palavras para transmitir a mensagem.

• **Não Verbal:** é aquela que utiliza outros métodos de comunicação, que não são as palavras. Dentre elas estão a linguagem de sinais, as placas e sinais de trânsito, a linguagem corporal, uma figura, a expressão facial, um gesto, etc.

A linguagem tem um papel imprescindível na oratória, é por ela que transmitimos o pensamento, materializado em palavras. Para isso, é necessário coesão e coerência, coordenação e retórica.

A coesão trata basicamente das articulações gramaticais existentes entre as palavras, as orações e frases para garantir uma boa sequência do conteúdo. Já a coerência aborda a relação lógica entre ideias, situações ou acontecimentos, apoiando-se, por vezes, em mecanismos formais, de natureza gramatical, e no conhecimento compartilhado entre os usuários da língua. A coordenação busca conciliar todos esses aspectos de forma organizada e erudita, com o objetivo de facilitar o entendimento e a compreensão, focando o emissor. Por fim a retórica, que é a base da mensagem, busca o convencimento do ouvinte por meio de ideias e argumentos logicamente desencadeados.

A linguagem é um dos mais importantes processos cognitivos que se tem conhecimento.

"Cognição refere-se a um conjunto de habilidades cerebrais/mentais necessárias para a obtenção de conhecimento sobre o mundo. Tais habilidades envolvem pensamento, raciocínio, abstração, linguagem, memória, atenção, criatividade, capacidade de resolução de problemas, entre outras funções."

Existem diversos tipos de processos cognitivos. A percepção, a assimilação de informação, a reflexão, o pensamento lógico, a concentração e a memória são exemplos de pensamentos cognitivos.

A Linguística é o nome da ciência que se dedica ao estudo da linguagem.

ELOQUÊNCIA

A filosofia aborda a eloquência como a arte de falar bem, de conseguir expressar um ponto de vista ou ideia de forma exímia e competente. Pode estar relacionada com a expressividade, sendo uma forma de entusiasmar ou despertar emoções em seu público.

A eloquência está presente tanto na oratória, como também na escrita. É a forma de falar ou escrever fluente, preciso, elegante e persuasivo. Passa-se, com a eloquência, a compreensão de grandes emoções com uma linguagem marcante e adequada.

Calíope era considerada pelos gregos antigos a musa da eloquência.

2
ESCUTATÓRIA

"Quem aprende ouvir com atenção, aprende a falar com proveito."
Emmanuel

"Em 1707, o almirante britânico Clowdisley Shovell voltava para casa após ser derrotado numa importante batalha contra os franceses e espanhóis no Mediterrâneo, quando seus navios tiveram que enfrentar um forte e denso nevoeiro por vários dias. (...)

Um certo dia, um dos marujos procurou o almirante e expressou uma opinião diferente. De acordo com seus cálculos, eles estavam numa rota que poderia ser fatal, já que seguiam em direção a um arquipélago de 150 minúsculas ilhas a sudoeste da Inglaterra.

Inconformado com a ousadia do marujo, além de ignorar suas recomendações, o almirante ordenou seu enforcamento. Pouco tempo depois, quatro navios se chocaram nas ilhas Scilly, pertencente ao arquipélago citado pelo marujo, destruindo quatro embarcações e matando cerca de dois mil homens."

Referência para pesquisa: Desastre das Ilhas Scilly de 1707

Que sejam tiradas as reflexões mais profundas e relevantes deste texto, no que tange, sobretudo, à importância de se escutar prestando atenção aos seus superiores, pares e também aos seus subordinados. A essa escuta – prestando atenção, chamarei de Escutatória Empática e veremos a seguir.

Faço questão de ter um capítulo voltado exclusivamente para Escutatória, por considerar tema de extrema importância nos relacionamentos sociais e, sobretudo, para o objetivo deste livro. Nos cursos que ministrei este foi tema recorrente, enfatizando sempre a sua importância e enaltecendo a sua prática.

EMPATIA

Em grego *empatheia*, que significa "paixão", pressupõe uma comunicação afetiva com outra pessoa e é um dos fundamentos da identificação e compreensão psicológica de outros indivíduos.

É capacidade psicológica para sentir o que sentiria uma outra pessoa caso estivesse na mesma situação vivenciada por ela. Consiste em tentar compreender sentimentos e emoções, procurando experimentar de forma objetiva e racional o que sente o outro indivíduo.

A empatia leva as pessoas a ajudarem-se umas às outras. Está intimamente ligada ao altruísmo – amor e interesse pelo próximo – e à capacidade de ajudar. Quando um indivíduo consegue sentir a dor ou o sofrimento do outro ao se colocar no seu lugar, desperta a vontade de ajudar e de agir seguindo princípios morais.

Esse sentimento desenvolve dentro de cada um de nós a capacidade de nos colocar no lugar do outro, ajuda-nos a compreender melhor o comportamento alheio em determinadas circunstâncias e a forma como outra pessoa toma decisões.

Para ser empático é importante superar as barreiras do egoísmo, da vaidade e do preconceito presente no desconhecido ou no diferente. Sobretudo, para que uma pessoa consiga exercer a empatia de forma efetiva é preciso primeiramente retirar a atenção ou foco de seus próprios problemas e manter seu olhar e profunda atenção na outra pessoa.

A empatia é diferente da simpatia. A simpatia é essencialmente uma resposta intelectual, enquanto a empatia é uma ligação emotiva. A simpatia, por exemplo, costuma unir as pessoas por meio das afinidades, ou seja, do que elas possuem em comum. Enquanto que a empatia não necessita acontecer via afinidade, ocorre sim e, necessariamente, por um processo de compreensão da situação vivida pela outra pessoa.

ESCUTATÓRIA EMPÁTICA

Ouvir é tão importante quanto falar. Aliás, se olharmos a expressão da natureza na configuração do nosso corpo físico, veremos que ouvir é mais importante do que falar – temos dois ouvidos e não duas bocas!

Nós não sabemos ouvir, pensamos até que somos capazes disso! Mas não aguentamos ouvir o que o outro diz sem logo dar um palpite melhor, sem misturar o que ele diz com aquilo que a gente tem a dizer, ou pior ainda, enfatizar nossos problemas e situações em detrimento do que o nosso interlocutor traz.

Quem quer ser Líder (com L maiúsculo), tem que se atentar a esta importante condição, ou seja, de ouvinte, porque não obterá os melhores resultados sem escutar verdadeiramente as pessoas à sua volta. Um orador é na essência um Líder, que conduzirá com a sua capacidade cognitiva, retórica e eloquência pessoas de um lugar para outro, encorajando-as, motivando-as, enfim, influenciando-as!

Um palestrante e, especialmente quem se dedicará às aulas e preleções evangélicas, não pode se cristalizar na condição eterna de orador, tem que tomar consciência da sua responsabilidade enquanto motivador de pessoas e começar a olhá-las como indivíduos que precisam ser ouvidos. Necessita descer do púlpito, deixando de olhar a plateia que o ouve e começar a ver e a perceber as pessoas que o procuram. Não se trata de um ouvir de qualquer forma e jeito! Falo aqui da escuta verdadeira, profunda, dedicada e que nomeio de Escutatória Empática, ou simplesmente a escuta empática, que vai muito além de se ouvir com os ouvidos, porque te obriga a colocar-se no lugar da outra pessoa, do seu interlocutor, compreendendo sua realidade e tentando entender o que ela sente – princípio básico da empatia – colocar-se no lugar do outro!!

No início, pode parecer complicado, mas nada que um treinamento não o habilite, acredite! Como a maioria das competências de liderança, a escuta empática depende apenas do genuíno interesse das pessoas pelas pessoas, de um pouco de boa vontade e de certa dose de disciplina.

Outro fator importante na abordagem da escutatória é a importância de se valorizar o silêncio, especialmente o silêncio interior. Não basta o silêncio de fora, externo. É preponderante o silêncio de dentro – o silêncio do Seu Eu Interior! Esse Silêncio que nos habilita a mais que escutar o irmão, nos capacita a entender o dilema alheio e poder carinhosa e fraternalmente auxiliar. Auxílio que pode ser somente com o olhar e o ombro amigo, sem a necessidade de se emitir um vocábulo que seja. Como oradores, não precisamos e não temos a obrigação de sempre emitir uma opinião ou falar algo. Pense nisso!

Fica a pergunta para reflexões futuras: Porque será que encontramos tantos cursos de oratória e, praticamente, nenhum de "escutatória"?

3

COMO FALAR

"O sábio nunca diz tudo o que pensa, mas pensa sempre tudo o que diz."
Aristóteles

Falar bem é uma arte e exige treino. Se você não nasceu com este dom, saiba que a oratória pode e deve ser treinada para que, dessa forma, você possa melhorar cada vez mais sua comunicação.

Aqui vão algumas dicas importantes:

• Fale vigorosamente, com entusiasmo, demonstrando o prazer pela oportunidade de estar fazendo isso.

• Articule bem as palavras, mas não exagere nos movimentos do rosto e músculos da face.

• Fale com a plateia e não para a plateia, buscando a sintonia com as pessoas.

• Procure expressar-se com objetividade e clareza e não use termos técnicos para público leigo.

• Se possível, utilize os verbos na voz ativa e na primeira pessoa do plural (nós). Existem três vozes verbais no português: ativa, passiva e reflexiva. A voz ativa ocorre quando o sujeito pratica a ação expressa pelo verbo. Indica, assim, que o sujeito gramatical é o agente da ação. Ex: (I) Nós precisamos ler mais. (II) Não estamos fazendo as coisas corretas. (III) Quando iremos superar esses obstáculos?

• Evite os superlativos.

✓ Tal modalidade é expressa por meio de advérbios como muito, excepcionalmente, etc., antepostos ao adjetivo que, deste modo, intensifica o nome que os acompanha.

✓ Outra forma de superlativo são os chamados absoluto sintético. É constituída pelo radical do adjetivo + um dos sufixos "íssimo", "imo" ou "érrimo". Exemplo: fidelíssimo, facílimo, paupérrimo.

• Evite usar adjetivos em excesso, pois enfraquecem a frase e o objetivo. Conceitualmente, os adjetivos são as palavras que utilizamos para dar características aos substantivos. Podem indicar estado, qualidade, aspecto ou modo.

• A sua fala deve despertar imagens visuais para um efeito mais marcante. Seja sincero e tenha convicção no que diz. Desperte o interesse da plateia com bons argumentos, bom vocabulário e boas figuras de linguagem.

• Não fique divagando; evite que a plateia se pergunte "e daí? O que eu tenho a ver com essa história? Não tenho motivos para prestar atenção em você".

• Para manter o interesse do público, apresente argumentos interessantes, motivadores, seja criativo. Demonstre autoridade em relação ao assunto.

• Seja senhor daquilo que fala, proprietário do conhecimento, mas evite detalhes em excesso. Toda apresentação tem um corpo estrutural.

• Não tenha medo do silêncio, das pausas. Ele é importante para enfatizar o assunto e dar espaço à plateia para refletir. A pausa não é ausência de texto ou conteúdo. Ela serve para valorizar o que veio antes e preparar o interlocutor para o que virá a seguir. Se a informação for muito complexa, fale mais devagar; se for mais simples, fale mais rápido. A velocidade da apresentação deve atender às necessidades do texto. Se você acelerar, a plateia perderá o interesse, pois não entenderá a mensagem. E se você se arrastar por demais, falar muito devagar, os ouvintes poderão sentir sono e desinteresse. Varie o ritmo da sua apresentação.

• Procure ter a plateia como companheira. Dê-lhe motivos para sentir-se bem com o que ouve, vê, experiencia e sente.

• Estabeleça vínculo com todos os participantes, por meio do contato visual e da gesticulação.

• Não olhe para cima ou para baixo ou para fora da área da plateia durante muito tempo ao longo da sua apresentação, isso causará um desconforto na plateia e denotará insegurança de sua parte.

Ao perceber no rosto dos ouvintes um ponto de interrogação e desconforto físico, resuma os pontos principais abordados até então e abra espaço para perguntas. Essa é uma grande dica – abrir para perguntas, estimulando a participação dos ouvintes. Essa prática só não é recomendada nas preleções evangélicas ou reuniões abertas ao grande público, onde recebemos pessoas de todas as denominações religiosas, pois poderá ser usada para outro fim que não o esclarecimento doutrinário.

Caso note certa resistência do público, pode-se estimular fazendo perguntas em aberto, "jogando para quem quiser responder", sem direcionar a ninguém em específico ou, se perceber que tem alguém mais preparado para participar, pode direcionar a pergunta a esta pessoa. Tome muito cuidado com o direcionamento de perguntas para pessoas em específico para não constranger ou intimidar, só o faça se notar que a pessoa não é tímida e não tem problemas em se manifestar.

Nunca critique ou desmereça as perguntas e ou respostas efetuadas pelo público, mesmo aquelas que não têm nenhuma ligação com o tema abordado ou que estão sendo direcionadas de forma mais incisiva e, do seu ponto de vista, desrespeitosa. Nunca reaja a qualquer tipo de provocação. Mantenha-se calmo, senhor das suas próprias ações e compenetrado no objetivo maior que é a sua apresentação.

É melhor não ler o tema/texto para o público, especialmente a apresentação projetada. Isso torna a sua apresentação enfadonha e haverá, subliminarmente, uma disputa entre você e o público na leitura do texto em tela. Isso não ajuda em nada na absorção do conteúdo pelos ouvintes. Existem, porém situações formais como formaturas, cerimônias de posse, etc. que pedem a leitura do discurso/mensagem. Nesses casos, o comunicador lerá um texto, que já deve estar na ponta da língua. Leia com segurança e expressividade. Há uma diferença significativa entre a leitura em voz alta individual e em público. Estamos acostumados a ler para nós mesmos num ritmo adaptado às nossas necessidades, mas quando se lê para uma plateia, é preciso levar em conta fatores que facilitam a ação comunicativa, respeitando pontuação (vírgulas especialmente) e a articulação correta das palavras em uma velocidade correta e adequada para o perfeito entendimento do conteúdo. A transgressão dessas recomendações pode ser constrangedora e embaraçosa para o comunicador, especialmente se for tomado pelo nervosismo e tiver que segurar uma folha ou microfone em uma das mãos.

Como fator preponderante, sobre todas as recomendações acima, reitero o contato visual com o público. O olhar do orador deve "passear" por todo o ambiente, estabelecendo esse vínculo com todos os participantes (iremos tratar mais detalhadamente desse tema em Linguagem Corporal).

4
LINGUAGEM CORPORAL

"Palavras expressam ideias, gestos expressam sentimentos."
Autor Desconhecido

Antes mesmo do surgimento da fala, o ser humano se comunicava por meio dos movimentos, gestos e expressões faciais.

Esta é a forma de comunicação mais antiga e uma das primeiras que aprendemos, já no nascimento, quando choramos!! A linguagem corporal faz parte da nossa cultura e complementa nosso discurso. É universal, pois independentemente de onde estivermos, estaremos aptos a entender alguém que fala outra língua, somente por meio de gestos, expressões faciais e olhares.

O nosso corpo fala!

Fala por meio de um conjunto de movimentos e expressões corporais do emissor, voluntários e involuntários, constituídos por mensagens não verbais, que são percebidas e entendidas quase que na sua totalidade e universalmente.

Uma pesquisa conduzida na *University of California*, Los Angeles (UCLA), publicada em maio de 1967 no *Journal of Consulting Psychology*, afirma que apenas 7% da comunicação é baseada nas palavras que realmente dizemos, 38% vêm do tom de voz usado, ou seja, da expressão vocal e 55% baseiam-se na linguagem corporal. Veja que a linguagem corporal representa mais da metade do entendimento da comunicação pelo receptor, seu interlocutor. Essa pesquisa ficou popularmente conhecida como a Regra 7-38-55.

É plenamente exequível o corpo comunicar-se de forma clara e objetiva, sendo uma manifestação exterior do conteúdo interior, dispensando a linguagem verbal. A emissão involuntária, ou seja, a mensagem corporal que o emissor não consegue controlar efetivamente pode entregar o que a pessoa está sentindo, como, por exemplo, medo, tensão, insegurança, alegria, irritação, ansiedade, descontração, controle, interesse, etc.

Efetivamente a comunicação não verbal involuntária demonstra de forma direta, inequívoca e cristalina os sentimentos do emissor, não dando muita margem para manipulação e controle. Há de se desenvolver uma capacidade adicional no indivíduo para controlar esse tipo de manifestação do corpo.

Os sinais de uma mensagem nem sempre são com as mãos; um olhar pode significar muito, o formato das sobrancelhas, o tamanho de um sorriso, estes podem transmitir confiança, desgosto, surpresa, até entregar uma mentira. Basta prestar atenção para perceber a quantidade enorme desses sinais que se aprende a usar e compreender. Todos, de modo geral, estarão sempre inseridos em algum contexto da linguagem, seja ela verbal ou não.

Pintores, fotógrafos, escultores, detetives, especialistas em linguagem corporal, entre outros, sempre souberam o quanto um gesto ou uma pose podem conter de informações ou conteúdo.

Vejamos exemplos de manifestação do corpo, provenientes do nosso interlocutor ou de parte do público ouvinte, a que devemos ficar atentos nas nossas apresentações e também nas nossas interações sociais, profissionais e familiares, bem como para uma autoavaliação.

1. Pernas e braços cruzados: mesmo que a pessoa esteja sorrindo, esta posição indica uma barreira física. Sugere que a pessoa não está ouvindo aquilo que você está dizendo. Não é intencional, por isso comportamento é tão revelador.

2. Sorrir com os olhos: para saber se uma pessoa está com um sorriso realmente genuíno, observe se na área onde criam os famosos “pés de galinha” está franzido ou mais enrugado. A boca pode mentir nessa hora, mas os olhos não. Sorriso sincero franzem os olhos e abrange todo o rosto (perceptível aos olhos), quando é falso geralmente só envolve os lábios;

3. Copiar sua linguagem corporal: Quando alguém, em alguma reunião ou apresentação, começar a copiar seus gestos, como uma afirmação com a cabeça, por exemplo, ou um cruzar de pernas, isso indica que ela está concordando com o que você está dizendo. Demonstra receptividade à sua mensagem. Um bom sinal!

4. Postura de poder: Quando uma pessoa chega em um ambiente, se apresenta com um corpo ereto, palmas viradas para baixo, ombros para trás, isso indica posição de poder.

5. Postura contraída: Sinal de estresse. Testa franzida e contração no pescoço também sinalizam estresse. Estes sinais são muito significativos e demonstram grande desconforto. Preste atenção quando alguém lhe transmitir esses sinais. A conversa pode estar caminhando para um estado de ansiedade, ou a pessoa está com a mente em outro lugar, pensando em algo ou em uma situação de estresse.

6. Postura inclinada para frente: A projeção do peitoral para frente tem como intenção subliminar de intimidar o outro ou para parecerem mais fortes. Esse sinal também é demonstrado quando você tem interesse no assunto e aguarda um posicionamento sobre o mesmo.

7. Movimento com a cabeça: Cabeça inclinada para um dos lados geralmente é sinal de interesse em algo ou alguém. Entretanto, baixar a cabeça pode ser considerado como falta de confiança.

8. Movimento das sobrancelhas: Sobrancelhas levantadas indicam desconforto. Existem três emoções principais que fazem suas sobrancelhas levantar: surpresa, preocupação e medo. Tente levantar suas sobrancelhas quando está conversando informalmente com um amigo.

E você, como utiliza a comunicação não verbal em suas relações interpessoais ou nas suas apresentações? Qual o tipo de comunicação não verbal mais comum em seu dia a dia? Faça esta autoavaliação e descubra-se!

A dança, como condição de exteriorização voluntária, é uma das formas mais belas e harmônicas de expressão corporal de nosso mundo interior. Por meio de um conjunto harmônico, consegue-se levar uma mensagem corporal, baseado na música, que engloba a mensagem.

A expressão corporal é o agente responsável pela "primeira impressão" que causamos nas pessoas. Um gesto bem colocado pode mudar uma situação. Ex: um olhar fraterno e singelo, um aperto de mão firme, um abraço...

É tão simples que nem parece linguagem, mas é essencial; ela coopera com qualquer que seja a mensagem passada, gerando percepções e, consequentemente, reações que a mensagem verbal não alcança.

Nossa mensagem gesticulada está repleta de significados, varia de cultura para cultura, cada uma possuindo seu próprio conjunto. A linguagem corporal faz parte da cultura das populações. Por exemplo, um italiano, de modo geral, tem gestos bem distintos e diferentes de um chinês ou japonês, e assim sucessivamente de região para região, não havendo, inclusive, necessidade de se mudar de país.

Todas as formas de linguagem corporal fazem parte de nossa vivência cotidiana, no convívio com as pessoas, na forma de nos relacionarmos com o outro (emissor e receptor), de manifestarmos nossas vontades, superar desafios, encontrar soluções e respostas, etc.

CONGRUÊNCIA

É a integração entre as expressões físicas e verbais. Não se pode expressar algo triste com feições de alegria no rosto, ou de alegria com um choro sentido. Normalmente esta integração se faz naturalmente, mas o nervosismo ou deslocamento pode distorcer as expressões e suas relações com a verbalização das ideias.

A congruência permite, quando temos uma atitude constante no campo emocional e psicológico, uma sinergia entre as ideias e as ações, potencializando a mensagem e o valor de seu significado.

Um olhar colocado de forma certa em uma frase de efeito pode modificar uma ideia cristalizada no ouvinte.

Para atingirmos esta sinergia é muito importante perceber-se a si e ao ambiente, colocando-se no tempo e no espaço, observando as dimensões, sua postura, sua posição na sala de aula ou no local de preleções, as pessoas, seus olhares, os móveis, ou seja, tudo aquilo que faz parte daquele momento. Isso permite mais segurança e tranquilidade, desta forma a congruência se dará de forma natural.

MOVIMENTAÇÃO

Os movimentos têm o poder de aumentar a concentração dos ouvintes, já que "força-os" a prestar atenção no interlocutor.

Ao olhar os ouvintes, encare-os de frente, sem medo (sem altivez), movimentando a cabeça de forma não linear, usando a flexibilização do pescoço, ombros e tronco.

Quanto à movimentação, tanto em classe de aula como numa preleção evangélica, é importante não dar as costas para os participantes, ou seja, não criar movimentos circulares.

Precisa-se ter cuidado para que os movimentos não criem monotonia, deve-se quebrar a uniformidade. A movimentação deve ser triangular e variada, cuidando para que todos possam enxergar-nos e vice-versa.

Cuidado com o efeito "tigre na jaula" que é a movimentação lateral constante e nervosa.

Os modernos conceitos de postura e movimentação recomendam que tiremos "os pregos dos pés", ou seja, dentro de uma adequação consciente utilizemos a movimentação como fator de emoção, superando antigos conceitos de que o preletor deve ficar "estancado" ao solo de forma estática, como se houvesse uma barreira invisível entre as partes.

MANTENHA A POSTURA

Nesse sentido, é importante entender que não existe uma fórmula para todas as situações. Cada caso demandará uma determinada postura.

A sua postura ao falar influência diretamente a forma como a sua voz é projetada. Ficar "encolhido", quase tentando se esconder do público, faz com que os músculos do diafragma não tenham espaço para se movimentar. E estes músculos são responsáveis por permitir que a sua voz flua livremente. Procure relaxar e tranquilizar-se para uma melhor performance.

A linguagem corporal age no inconsciente do público ouvinte enquanto você verbaliza a mensagem, erros de postura podem prejudicar diretamente a qualidade da sua oratória.

Independentemente de estar em pé ou sentado, mantenha a coluna ereta, respire profunda e completamente, inspire pelo nariz e profira as palavras enquanto solta o ar pela boca.

OLHAR

A falta de confiança ou apreensão pode ser exibida quando uma pessoa não olha a outra nos olhos. Olhar nos olhos de outra pessoa enquanto você transmite sua mensagem demonstra domínio sobre o tema, ambientação e controle enfim, autoconfiança.

Vejamos alguns exemplos:

1. Piscar os olhos: Quando alguém está nervoso, tem a tendência de piscar com mais frequência e até com mais intensidade.

2. Movimento para cima e à direita: Demonstra que está tentando relembrar algo vivido, ou seja, uma experiência.

3. Olhar para baixo e para a esquerda: Está construindo uma explicação ou até buscando uma justificativa que não tenha sido vivenciada.

4. Fechar os olhos: Como se estivessem analisando seus pensamentos para lidar com os problemas, na verdade pode demonstrar frustração, irritação e impaciência.

5. Esfregar os olhos: Em geral, essa linguagem corporal demonstra cansaço. Mas, dependendo de como é utilizada, pode também mostrar desconforto com algo que foi dito por outra pessoa, como um sinal de desgosto.

6. Olhar fixamente uma pessoa (encarar): Há várias razões, mas essencialmente demonstra insegurança em transitar o olhar com as demais pessoas e a pessoa selecionada, naquele momento, transmite mais segurança e serenidade. Há também o oposto e tende a demonstrar dominância e força em relação à pessoa selecionada. Em ambos os casos é muito intimidador para quem é olhado, causando muito desconforto.

Vejamos alguns tipos de olhares na figura abaixo:

Olhos para o alto e à esquerda:
vê alguma coisa que não foi
vista antes.
Imagem construída

Olhos para o alto e à direita:
recorda-se de algo
já visto.
Memória Visual

Olhos para um ponto vago:
olha no vazio, com uma leve
dilatação na pupila
Imagem memorizada ou construída

Olhos no centro, à direita ou à
esquerda:
ouve sons externos ou internos.
Memorizado ou registrado

O olhar é uma ferramenta importante na comunicação e deve ser sempre natural e dirigido a todos os presentes, percorrendo com os olhos e com movimentos da cabeça, toda a plateia. O Expositor deve sentir-se à vontade nesse movimento, mas deve ter em mente que é essencial estabelecer esse vínculo com cada participante.

Deve ser firme, mas sem altivez, transmitindo segurança sem transformar o Expositor em antipático ou arrogante.

Pode-se e recomenda-se criar variações quando queira causar algum efeito ou incentivar participações. As expressões das sobrancelhas auxiliam, e muito, na exposição do que se quer transmitir.

Perceber as reações e adaptar o andamento da apresentação, sempre alerta para os sinais da plateia, como, por exemplo, pessoas dispersas, cochilando ou desatenciosas são sintomas claros de que a apresentação não vai bem. Devemos utilizar todo o potencial do olhar para notar esses detalhes e ir adequando os recursos necessários (ritmo, entonação, etc.).

Não se deve permanecer com os olhos fechados e, reforçando a recomendação, não fixar o olhar em determinada pessoa ou grupo, para que não haja nenhuma "pressão" psicológica às pessoas, como já mencionado.

Deve-se realmente tomar cuidado com o fixar o olhar numa determinada pessoa, especialmente nas preleções evangélicas, porta de entrada da Casa Espírita, onde geralmente o público é heterogêneo e com alguns conflitos interiores. Fixar o olhar pode abalar a pessoa e trazer insegurança, podem, inclusive, pensar que o assunto está sendo dirigido somente a eles e se sentirem acuados, cobrados, etc. Nesse ambiente é imperioso cuidar do seu olhar, percorrendo-o por toda a sala, com suavidade, serenidade e carinho.

Da mesma forma não se pode ter um olhar para fora ou acima das pessoas como se estivesse olhando para o final da sala. Essa atitude pode causar um tipo de curiosidade aos ouvintes, que tentarão descobrir o que você está olhando.

Olhar para baixo com muita frequência denota insegurança e despreparo, propiciando oportunidades para interrupções com questionamentos sobre o tema, afim de testar seu conhecimento. É atitude inadequada.

GESTICULAÇÃO

Deve-se ter postura natural e espontânea, sem empregar gesticulação desnecessária. Os gestos devem ser moderados e coerentes com a dinâmica da exposição.

A vestimenta deve ser apropriada e discreta, evitar adornos sonoros, como pulseiras. Não trazer objetos nas mãos, a não ser que façam parte de alguma dinâmica ou técnica de incentivo e de fixação de ideias.

Buscar sorrir naturalmente. Lembrar que a timidez expressa vaidade. Procure ser autêntico, natural e não imitar outros oradores.

Procure não se apoiar em cadeiras, mesas, entre outros objetos e nem dar tapas ou pancadas na mesa.

Cuidado com ombros caídos. Como já mencionado anteriormente, não manter a posição do tórax rígida.

Ao apresentar-se em pé, apoiar-se sobre as duas pernas, evitando que fiquem abertas (especialmente no sexo feminino).

Não gesticular apenas com as mãos e não exagerar nos movimentos, deve-se variá-los e muito cuidado com a congruência, ou seja, a movimentação nunca deverá ser posterior ou anterior à fala. Evitar gestos repetidos mecanicamente.

Não descansar as mãos nos bolsos e nem cruzar os braços, tampouco cruzar as mãos à frente ou às costas.

APARÊNCIA VISUAL

É necessário que o Expositor se adeque à sua tarefa, inclusive no âmbito social, para que sua aparência seja agradável aos olhos, evitando imagens negativas ou preconceituosas.

Por não se tratar de evento social, faz-se necessário tomar alguns cuidados para a apresentação pessoal, tanto em preleções quanto em exposições de aulas. É sabido que na grande maioria das vezes o Expositor tem que se deslocar diretamente de seu local de trabalho para a tarefa no Centro Espírita, o que pode gerar algumas distorções, que devem ser minimizadas se tomarmos alguns pequenos cuidados.

É muito importante cuidar do hálito, principalmente quando permanecer muitas horas sem alimentação, quando se tem algum tipo de problema estomacal ou nas gengivas. Este fato é de simples solução, basta criar o hábito de carregar conosco um tubo de pasta dental e escova para a devida higienização um pouco antes da apresentação (pode ser no banheiro do Centro Espírita mesmo), ou mesmo uma bala tipo halls. Ainda nesta questão podemos fazer um "lanchinho" rápido, no deslocamento para o Centro, com algo simples como bolachas, sucos naturais, barras de cereais, etc., isso não exclui a posterior higienização.

A higiene corporal é mais difícil quando nos deslocamos diretamente das atividades materiais. Muitas vezes trabalhamos em atividades que exigem desgaste corporal e consequentemente nos vemos "sujos" ou "suados" além da conta. Um "mini banho" na pia do banheiro do Centro, com aplicação de um suave desodorante pode auxiliar neste caso. Uma boa troca de camisa também se faz necessário.

O contrário também vale. Podemos trabalhar em local que exige uma formalidade extrema de vestimenta e nos deslocarmos para a tarefa espiritual em local muito simples, humilde. O bom senso nos indica que neste momento devemos ao menos tirar os excessos do formalismo (terno, gravata, salto alto, ornamentos, lenços, maquilagem carregada, etc.) e apresentarmo-nos de forma mais natural.

Aparência agradável não combina com desleixo ou falsidade. Devemos ser nós mesmos, sempre. A vestimenta deve ser coerente conosco. Exemplo: Não queiramos ir à uma aula de Mocidade Espírita de bermudão, tênis colorido, etc...Se nosso estilo natural é outro, vai soar (e será) falsidade, que será detectada no primeiro instante por toda a plateia.

Também não adianta nos vestirmos com a "roupa de missa" se sabemos que nosso dia a dia é outro, ficaremos incomodados e preocupados com algo que não é a essência da tarefa.

Basta cuidar da apresentação com atenção nos pequenos detalhes (meias de cores diferentes, sapatos trocados, roupas furadas, rasgadas ou manchadas, camisa desalinhada, meia calça com fio puxado, etc.). E caso algo aconteça no caminho ou pouco antes da apresentação, encare com bom humor, já que a vida nos reserva surpresas inimagináveis.

Apenas um cuidado: Nunca se apresente de camiseta regata, chinelos ou bermudas, isso pode aparentar desdém ao público e com certeza passa pela falta de respeito ao próximo.

5
QUALIDADES DA ORATÓRIA

"Quem não se comunica, se trumbica!"
Chacrinha - O Velho Guerreiro

A comunicação oral, ou seja, a oratória é pré-requisito em praticamente todos os ramos do conhecimento humano. Já frisamos que, para uma boa comunicação, escutar é tão ou mais importante quanto falar e, por isso, consideramos essa virtude fundamental em todo o orador.

Efetivamente, o sucesso da oratória não está diretamente ligado àquilo que se diz, mas sim, em como se diz.

Uma boa oratória busca identificar e ressaltar as qualidades do orador e aplacar, ou senão, minimizar os defeitos. Não pode haver improvisos de espécie alguma, pois não há sorte numa palestra – ou você está preparado ou você está preparado. Caso contrário, não se exponha!

Somente com muito empenho, estudo, pesquisa e preparo pode-se obter êxito neste mister.

Para se atingir este objetivo é necessário aplicar uma série de técnicas que auxiliam o Expositor a desenvolver o tema com conteúdo, coerência, eloquência e, sobretudo, naturalidade.

VIRTUDES DE UMA BOA APRESENTAÇÃO

1. Pureza é a conformidade da linguagem com a essência da língua. Nesse sentido é prudente e recomendado que usemos somente as palavras da própria língua e procuremos organizar as frases e as orações em plena harmonia com as regras da boa gramática e sintaxe. Sintaxe é o estudo das palavras dentro das frases ou orações, da relação que elas criam entre si para compor o significado.

2. A correção consiste na observância das regras no que diz respeito à grafia, ao vocabulário e à sintaxe. A pureza da linguagem é uma qualidade primordial e indispensável. Ficam, portanto, condenados os vícios de linguagem que serão abordados, entre outros, no capítulo seguinte que são: o *barbarismo* (emprego de palavras alheias à língua), o *solecismo* (inobservância das regras de sintaxe), o *plebeísmo* (emprego de termos de baixo calão) e os *exotismos inexpressivos* ou *inúteis*. Os *arcaísmos* (modo de falar ou escrever antiquado) podem também ser empregados, quando se quer imitar a linguagem da época em que tiveram uso, ou quando se faz referência a objetos desaparecidos. O *neologismo* (emprego de palavras novas) é ainda admissível, desde que represente uma aquisição apreciável para o patrimônio vocabular, se dentro da língua não houver palavra que possa expressar, com precisão, a mesma ideia. A história da língua demonstra que são inevitáveis infiltrações estrangeiras no idioma, mas esse fato não autoriza que se faça uma adaptação quase letra a letra, sob pretexto de ser necessária.

3. A clareza requer manifestação fácil de pensamento por meio de uma expressão luminosa e transparente. Assim, tem de se evitar tudo quanto possa causar obscuridade de ideias ou de expressão como os defeitos de linguagem, inclusive já mencionados acima, tais como: barbarismos, solecismos, provincianismos, neologismos, arcaísmos, termos técnicos desconhecidos, transposições, além de uso de parênteses extensos nas apresentações, se for o caso, e nos textos, expressões extremamente refinadas, concisão demasiada, ostentação supérflua de vocábulos, deslocação de termos, etc.

4. A naturalidade é a forma espontânea do Expositor comunicar-se com seu público. Deve evitar o excesso de qualquer gênero e forma, especialmente querendo marcar um estilo ou característica especial que o diferencie. Tudo isso pode levar para o artificialismo, que vai em direção contrária aos aspectos da naturalidade.

5. A eufonia, que do grego quer dizer "bela voz", caracteriza-se por um som agradável, especialmente pela combinação de certas palavras; contrapondo-se, portanto, ao defeito de linguagem da cacofonia (que se usa de sons desagradáveis).

6. A concisão exige que as palavras mantenham uma justa proporção com as ideias, de forma que se eliminem redundâncias. Consiste em dizer o máximo com o mínimo de palavras. Deve evitar-se a prolixidade.

7. A propriedade é a escolha de termos que traduzam, adequada e unicamente, o respectivo conceito. Os chamados lugares comuns, os termos vagos, as expressões de mais um sentido e a ambiguidade são locuções impróprias.

8. A harmonia é o encanto musical produzido pela escolha e colocação das palavras. Não se deve, pois, empregar vocábulos ásperos e duros, assim como se deve evitar a repetição dos mesmos sons e tudo quanto, na disposição das palavras e no arranjo do período, prejudique o andamento rítmico e melódico.

9. A unidade da forma literária só existirá se estiverem sujeitas ao mesmo tom geral e uniforme de estilo e linguagem. Assim como todos os pensamentos devem estar ligados logicamente para formarem um todo moral, da mesma forma os elementos externos (palavras, frases, figuras e demais componentes) devem ligar-se num todo artístico.

10. Congruência é a correta ordenação da linguagem corporal com a mensagem transmitida verbalmente. É a junção coordenada e concatenada das mensagens verbal e não verbal. O seu olhar, gestos e expressões têm que estar alinhados e coordenados com a mensagem que ser quer transmitir no tempo e no espaço corretos.

11. A conveniência é a adaptação perfeita do estilo ao assunto, às circunstâncias de tempo ou de lugar e às pessoas. É necessário que se mantenha o equilíbrio entre o fundo e a forma, entre o termo e a ideia. Peca contra a *conveniência* quem usa a linguagem familiar e de entre amigos com seus superiores, jocosa em assuntos graves, brincalhona em circunstâncias tristes, vulgar para ideias nobres, solene e pomposa para futilidades.

12. A dignidade consiste no respeito às leis que regem o correto uso da palavra. Dignidade não é moralidade. Pode-se ter dignidade de estilo numa obra profundamente imoral.

13. A ordem é também uma qualidade literária e de oratória fundamental. A ordem provém de uma concatenação lógica das ideias e, nesse caso, as palavras deverão ser usadas naturalmente, de forma que deem o perfeito entendimento da ideia que se quis transmitir e conhecer.

Além desses itens em destaque, que classifico como sendo clássicos, devemos nos atentar para outros que chamo de complementares, mas que são tão importantes quanto aos acima, a saber:

RECURSOS MULTIMÍDIAS

São primordiais na atualidade, entretanto, recomendo que sejam coadjuvantes e não protagonistas da apresentação.

As apresentações usadas nesses recursos devem ter mais imagens e menos textos. Lembrem-se da Regra 7-38-55 da UCLA (*University of California* – Los Angeles), mencionada no capítulo anterior. As imagens devem auxiliar o palestrante no desenvolvimento da ideia a ser abordada, deixando-o livre para ter foco sobre si mesmo e sobre o ambiente (plateia em geral) da palestra. Devem auxiliar o palestrante de forma que ao passar pelo slide com a imagem, o palestrante fale alguma coisa sobre a mesma com outras palavras e não repetindo o que se encontra em evidência. Por exemplo, se a imagem é de um oceano, você não precisa falar que é um oceano, isso é redundância e, repetidas vezes, torna-se cansativo e enfadonho. Primeiramente a imagem do oceano deve estar nesse slide dentro de um contexto, portanto você deve mencionar algo relacionado ao oceano ou à ideia. É importante investir em imagens metafóricas, capazes de instigar, estimular e engajar a plateia. A naturalidade em se passar os slides na apresentação é importante, portanto ao organizá-los agrupe-os de forma que pareçam uma história que você está contando (tecnicamente chamado de *storytelling*).

CUSTOMIZAÇÃO

A sua apresentação deve ser customizada, adaptada ao perfil do seu público. Não adianta ter uma apresentação para uma aula de Escola ou Curso e querer ministrá-la numa turma de mocidade ou vice-versa, são ambientes totalmente diferentes, com propósitos distintos entre si. Antes de qualquer aula ou apresentação, contate o responsável e busque entender o contexto da turma, da aula, do objetivo a ser alcançado, enfim, o que se espera como resultado daquela aula ou apresentação.

PREPARE-SE COM ANTECEDÊNCIA

Não deixe para a última hora! Parece óbvio ressaltar essa prática, mas muitos palestrantes não conseguem tempo hábil para revisar as apresentações, slides e nem mesmo a aula. Acabam passando erros de digitação ou mesmo gramaticais, dando a impressão de descaso e despreparo – o público pode entender que você não se dedicou adequadamente para aquela apresentação ou aula. Ressalte-se a importância do treino prévio, mesmo sendo autoridade no assunto, pratique um pouco repassando todo o conteúdo, memorize os tópicos e reveja todo o material de apoio necessário. Relacione os possíveis riscos que podem trazer ruídos para a perfeita comunicação, tais como nomes ou palavras em outra língua ou de difícil pronunciação, exemplos que deverão ser apresentados, estórias/contos que devem ser lembrados para não perder o conteúdo, etc. Sua voz é o seu instrumento de Atividade neste mister e deve ser tratada com o máximo cuidado e respeito. Evite alimentos gelados, situações de estresse e outras ações que venham debilitá-la antes da sua apresentação.

GESTÃO DO TEMPO

Tempo – ah, o tempo!

Sempre contra as nossas expectativas. Quando temos muito conteúdo, nunca é suficiente e quando o tema da aula é de conteúdo restrito, nunca acaba, não é verdade? Pois é! Neste sentido não podemos nos tornar reféns do tempo, pois desta forma ele será o foco da apresentação e, em dado momento, poderemos nos desestabilizar, trazendo potencialmente prejuízos para a palestra de modo geral. A observância disciplinada do tempo definido é uma virtude que temos de aplicar em nossas apresentações. Denota que você se preparou e, sobretudo, que respeita os ouvintes. Todos que estão ali têm compromissos externos e às vezes contam o tempo para sair dali e chegar em outro. Passar do tempo é mais que uma gafe, é um desrespeito enorme de nossa parte. Só pode se admitir isso, se houver concordância unânime da plateia, caso contrário, se uma única mão se objetar, não deve haver exceções. No caso em que tenhamos conteúdo em excesso para o tempo restrito, devemos ir eliminando alguns slides no meio da apresentação, para que o encerramento seja atingido e você possa passar a mensagem final. Não é recomendado chegar ao final do tempo no meio da aula ou apresentação. Deve-se ir administrando o desenvolvimento do conteúdo de forma que o meio da apresentação seja sacrificado e não o encerramento. Caso o oposto seja verdadeiro, ou seja, tenhamos tempo de sobra, devemos ter sempre um Plano B para ser aplicado neste caso, quer seja abrindo para perguntas ou mesmo aplicando-se uma dinâmica que possa preencher o tempo restante. Cuidado com as dinâmicas, pois demandam tempo e podem exceder o limite estabelecido.

PLANO B – CONTINGÊNCIA

Pense sempre em ter em mãos um plano de contingência no caso em que algum imprevisto aconteça. Esteja preparado para alguma eventualidade, especialmente se for contar com a internet e/ou auxílio digital, já que podem simplesmente falhar na hora que você mais precisa. Conhece o enunciado da Lei de Murphy? Essa lei explica porque o seu pão com manteiga cai sempre com o lado da manteiga para baixo. Vejamos:

"...se algo pode dar errado, dará. E mais, dará errado da pior maneira, no pior momento e de modo que cause o maior dano possível."

Não é querer ser fatalista ou negativista, é querer ser prudente e vigilante! Lembre-se sempre do ditado que diz: "o seguro morreu de velho".

O BALÉ DO CORPO NA APRESENTAÇÃO

Os gestos, as expressões faciais e o olhar são importantíssimos numa apresentação. Já falamos sobre isso no capítulo anterior, mas pela importância e relevância, merece reforço. A sua naturalidade e congruência com a expressão corporal durante a apresentação justificam e reforçam a mensagem que oralmente está sendo transmitida.

No tocante ao olhar, é preponderante que você estabeleça contato visual com todos, ou pelo menos com a maioria, dentro da plateia.

Tenha em mente que cada indivíduo dentro da plateia é o protagonista, você está ali por causa dele e não o inverso, ou seja, ele não está ali por sua causa. O protagonista dessa relação é a plateia e não você, ou os seus slides, imagens, recursos utilizados, palco, etc, etc.

Seus olhos devem estar fixados nos indivíduos integrantes da plateia, estabelecendo esse vínculo entre você e cada um deles. Aquele que não for olhado, se sentirá menosprezado. Os gestos, olhares e expressões faciais não são os únicos a demonstrar significados durante uma apresentação. A maneira como você se apresenta por meio da vestimenta e acessórios e da sua postura no palco, também trazem mensagens subliminares que serão absorvidas e entendidas pelos participantes de várias formas. Braços cruzados, mãos na cintura, posicionadas atrás do corpo ou nos bolsos, pernas muito abertas, entre outros, podem trazer significados de desleixo, falta de disciplina, organização ou mesmo de profissionalismo.

FLEXIBILIDADE E ADAPTABILIDADE

Nem tudo acontece como planejado. Intercorrências técnicas tais como: falta de energia, luz, ar condicionado fraco ou que para de funcionar, problemas com o som, microfone, projetor que não liga ou que não conecta com o notebook, ambiente pequeno para o público, chuva que inunda o ambiente, entre tantos outros problemas que podemos criar uma lista enorme. Tudo isso pode acontecer e devemos estar preparados como já mencionado anteriormente, no item sobre plano de contingência. Além dessas (e que podem ser acrescidas de muito mais) existem as intercorrências humanas, tais como: fluxo de pessoas durante a apresentação, levanta e senta, chegada e saída de pessoas, crianças chorando, correndo, brincando, tosses, murmurinhos, perguntas fora de contexto e tempo, interrupções desnecessárias para avisos e/ou chamados, etc. Enfim, para tudo isso, além do Plano B, é importantíssimo ter "jogo de cintura", muita paciência e, sobretudo, foco na apresentação, porque para desestabilizar-se e perder o controle é questão de segundos.

CAPACIDADE DE SÍNTESE

Essa habilidade é indispensável, pois nem tudo que você sabe é necessariamente interessante e importante para ser abordado na apresentação.

Contenha-se com os exemplos e teorias, foque no assunto e seja objetivo. Especialmente ao término da apresentação, quando você deve concluir de forma sucinta e clara, resumindo a apresentação com uma frase de efeito, ou trazendo uma mensagem que retrate o assunto, ou mesmo, deixando uma pergunta em aberto para reflexão do público.

Ao colocar em prática todas essas características, certamente você agregará muito mais valor à sua apresentação e deixará uma boa impressão para seus alunos e público em geral.

6
DEFEITOS DE LINGUAGEM

"O homem aprendeu a escrever os defeitos no bronze e as virtudes na água."
Ludwig Van Beethoven

A linguagem tem qualidades que devemos cultivar, como já mencionado no capítulo anterior, e tem defeitos que é forçoso evitar, os quais iremos estudar detalhadamente agora.

Esses defeitos são considerados ruídos de comunicação e podem prejudicar sobremaneira o entendimento da mensagem pelo receptor.

Os defeitos e os vícios de linguagem são verdadeiros obstáculos ao bom entendimento da mensagem transmitida pelo expositor, pois, ora lançam nas ideias sentidos dúbios, ora tornam-se completamente ininteligíveis. Outras vezes conferem às palavras sons exóticos dificultando a atenção do ouvinte. Vejamos a lista por tipos.

VÍCIOS DE EXPRESSÃO

1. BARBARISMO: Uso de palavras ou expressões estranhas à língua. Ex: "*Gentlemen*", "*feedback*", "*link*", "*deletar*".

2. SOLECISMO: Uso incorreto da concordância ou regência verbal. Ex: "faltou (correto faltaram) muitos alunos", "vi ela passando".

3. AMBIGUIDADE: Uso de palavras que podem oferecer sentido duplo ou duvidoso. Ex: "Cama para casal de ferro", "o que tem nas mãos um homem no campo a cavá-lo".

4. OBSCURIDADE: Discurso prolixo. Quem muito fala não sabe do que está falando. Falta de clareza e objetividade na exposição.

5. CACOFONIA: Uso de palavras que, juntas, podem formar outra de sentido desconexo, ridículo, ou apenas desagradável. Ex: "Uma mão de ferro", "por cada ponto passa uma reta".

6. HIATO: Uso de conexões que propiciam o aumento de vozes, tornando-as acentuadas. Ex: "Vou à aula".

7. ECO: Uso de palavras que possuem o mesmo sufixo, propiciando repetição desagradável de fonemas. Ex: "No mo**mento** do casa**mento**".

8. PAREQUEMA: Colocar ao lado de uma sílaba outra com o mesmo som. Ex: "Sempre presente", "corpo poroso".

9. PRECIOSISMO: Uso intencional de palavras ou expressões coloquiais, artificiais ou extravagantes. Ex: "Fi-lo pelo Brasil", "fi-lo por minha família", "praticar-se-á tal esporte", etc.

10. ARCAÍSMO: Uso de palavras, expressões, construções ou maneira de dizer que deixaram de ser usadas ou passaram a ter emprego diverso na língua portuguesa contemporânea: asinha (por depressa), assi (por assim) entonces (por então), vosmecê (por você), geolho (por joelho), arreio (o qual perdeu a significação antiga de enfeite), catar (perdeu a significação antiga de olhar), faria-te um favor (não se coloca mais o pronome pessoal átono depois de forma verbal do futuro do pretérito), etc.

11. NEOLOGISMO: Uso de palavras recentemente criadas ou introduzidas na língua. Existe outra forma denominada neologismo popular que é constituído pelos termos de gíria. "Manjar" (entender, saber do assunto), "a pampa", legal (excelente), biruta, transa, psicodélico, etc.

FISIOLÓGICO ou PSICOLÓGICO

Esse tipo de dificuldades físicas na correta verbalização das palavras também traz ruídos para a mensagem, provocando desconforto à plateia e prejudicando o pleno e perfeito entendimento da ideia a ser transmitida.

Devem ser alvo de tratamento fonoaudiólogo, psicológico ou ortodontológico.

CERTO			ERRADO
• Rotacismo	Trágico	por	Trrrrágico
• Nasalização	Veja	por	Venja
• Zetacismo	Juízo	por	Zuízo
• Lambdacismo	Esperto	por	Espelto
• Sigmatismo	Os	por	Ossss
• Ceceismo	Fazer	por	Facer

ESTEREÓTIPOS DE APOIO

São os vícios de linguagem que podemos chamar de “bengalas” ou apoios que usamos natural e involuntariamente. Vejamos:

- “Tá? ”, “né? ”, “daí”, “Ok?”
- “Certo? ”, “entendeu? ”, “percebe?”
- “É isso aí! ”, “tipo assim...”, “a gente...”,
- “acho que...” “então”, “verdade”,
- “praticamente”, “efetivamente”, “fundamentalmente”

São alguns exemplos de expressões típicas da comunicação oral que, se faladas repetidas vezes em uma apresentação em público, tornam-se estereótipos e passam a chamar mais atenção do que a própria mensagem (provavelmente, as pessoas contarão quantos “nés” o apresentador falou, mas não saberão resumir o conteúdo da mensagem apresentada). Preste muita atenção em sua fala, especialmente, no dia a dia, para evitar qualquer repetição excessiva durante uma exposição em público.

PROLONGAMENTOS VOCÁLICOS

Essas são vogais ditas de maneira prolongada, tanto no início como ao final de um raciocínio. Aparecem como ligação entre uma palavra e outra, preenchendo o vazio existente.

- Ãah,
- Éééh.

Esse vício de linguagem quebra o ritmo da apresentação, pode sinalizar falta de domínio do assunto ou falha no planejamento, além de criar um certo desconforto para o seu público. Deve-se evitar ao máximo essa prática, para tanto o ensaio e o domínio do tema a ser abordado são elementos importantes para se eliminar os "brancos", que podem gerar esse tipo de reação. No ensaio, procure planejar como será feita a transição entre as ideias, trazendo maior segurança no momento da apresentação.

CONDICIONAIS GRAMATICAIS

O uso excessivo das condicionais do futuro do pretérito, por exemplo: "seria", "faria", "indicaria", queria, gostaria, etc....podem causar entendimentos que levam à interpretação de falta de vontade, de procrastinação, da sobreposição da teoria x efetiva realização, entre outros aspectos neuropsicológicos. Use-os somente se estiver se referindo a algo hipotético. Há quem diga "minha apresentação seria sobre mediunidade" ou "vou falar sobre o que seria a reencarnação", quando o correto é "minha apresentação é sobre mediunidade", "vou falar sobre o que é a reencarnação". Afinal, não há hipóteses nessas frases e sim certezas. Policie-se no dia a dia para eliminar de vez a condicional de sua vida, usando-a somente em casos hipotéticos, dessa forma você estará reforçando mentalmente e programando-se subliminarmente, para a execução efetiva daquele projeto. Você não "queria". Você quer e quem quer, consegue!

DECÁLOGO DOS ERROS GRAMATICAIS

Um palestrante que comete erros gramaticais, principalmente no uso das concordâncias verbais e nominais, pode passar uma imagem negativa para o público. Como a forma de se usar as concordâncias é um indicador de nível de instrução, a credibilidade do apresentador pode ser colocada em xeque, neste momento. Não deixe de revisar também os conteúdos escritos, que podem ser usados na apresentação (especialmente os slides).

O Decálogo dos erros mais comuns que marcam e, potencialmente, podem marcar ou até mesmo de certa forma denegrir a imagem do Expositor diante de uma plateia que minimamente domine a língua portuguesa, são:

1. "Haja visto": Usado erroneamente no lugar de "haja vista". A expressão haja vista não varia, pois sua formação ocorre com a terceira pessoa do imperativo do verbo haver acrescida de vista, um substantivo feminino. Exemplo: "Haja vista as recentes manifestações populares sobre o assunto".

2. Houveram: O correto é "houver". Haver no sentido de existir nunca é usado no plural.

3. Seje e Esteje: Trata-se do verbo ser e estar, ambos conjugados na 3ª pessoa do singular dos modos subjuntivo e imperativo. Definitivamente, a grafia correta é "seja" e "esteja", palavra terminada com a vogal "a". No caso do seja, para piorar o erro, só falta falar: "seje menas" durona com ele. Urgh! Essa dói nos ouvidos mais duros.

4. "Menas": Essa não dá nem para comentar. "Menos" é palavra invariável, portanto não existe a palavra "menas", por mais feminino que seja o substantivo.

5. "Mim": Explique melhor "para mim entender". É um hábito tão automatizado que quando as pessoas se dão conta já escapou e sai o "mim" no meio da frase, especialmente nas mensagens dos aplicativos, em substituição ao "eu". O "eu" deve ser usado antes do verbo porque nesse caso ele funciona como sujeito do infinitivo. Só se usa o "mim" quando não houver um verbo depois do "para", como neste exemplo: "Ele trouxe o documento para mim". É usado também em casos em que se completa o sentido de adjetivos (difícil e impossível, mais especificamente). Exemplo: "Está difícil para mim aceitar esse tipo de situação". "É quase impossível para mim manter esse tipo de relação".

6. "Eu vou ir": Esse erro puxa o tapete das pessoas o tempo todo. É impressionante como usam esse tipo de expressão para designar um desejo no futuro de ir em algum lugar. É o verbo "ir" conjugado na primeira pessoa do singular -"vou" + o verbo na sua forma infinita "ir". O correto é conjugar o verbo "ir" no futuro: "Eu irei".

7. "Meia chateada": Usar "meia" no lugar de "meio" quando se referir a um adjetivo. "Meia" só é usado quando equivale à metade e no feminino: meia laranja, meia dúzia, etc. "Meia chateada" equivale a "mais ou menos", "um pouco", meio é um advérbio e por isso não pode variar. Esse é um erro que deixa a pessoa "meio prejudicada", e não "meia prejudicada".

8. "Há cinco anos atrás": É redundância pura, ou melhor dizendo é pleonasmo. Ou se usa "há dez anos", ou "dez anos atrás", mas não "há dez anos atrás".

9. "Um *plus* a mais": "*Plus*" é um advérbio de origem latina que significa mais. Portanto, redundância e, por conseguinte, pleonasmo. Use sem o mais.

10. "Não troque nenhum por qualquer": Não use qualquer em orações negativas no lugar de nenhum. Exemplo: o correto é "Não temos nenhuma chance de perder o campeonato", e não: "Não temos qualquer chance de perder o campeonato".

Esteja atento sobre esses erros, pois comprometem sobremaneira a nossa imagem. Se quiser aumentar de 10 para 100 erros, podemos criar um grupo só para isso! Porque existe uma infinidade, especialmente na escrita.

PLEONASMO & GERUNDISMO

São dois erros que derrubam qualquer apresentação, pois chamarão muito mais a atenção do que o conteúdo apresentado.

1. PLEONASMO: Emprego inconsciente ou voluntário de palavras ou expressões involuntárias, desnecessárias, por sua significação já estar contida em outras da mesma frase. Contém uma repetição inútil e desnecessária dos elementos. Exemplos:

• "Voltou a estudar novamente."
• "Na minha opinião pessoal."

Além dos exemplos citados acima:
• "Há cinco anos atrás."
• "Um *plus* a mais."

2. GERUNDISMO: Construções como "vou estar falando" ou "estarei falando" (sentido de futuro) são usos errados do gerúndio. Troque "vou falar", por "falarei". Exemplos do uso errado dessa forma verbal:
• "Por favor, espere, vou estar passando a ligação". Correto: "Por favor, espere, estarei passando a ligação".
• "Um minuto, vou estar verificando sua conta". Correto: "Um minuto, verificarei sua conta".
• "Estaremos entrando em contato com os selecionados". Correto: "Entrarei em contato com os selecionados".

O gerúndio só pode ser utilizado se indicar uma ação contínua, no presente, por exemplo: "estou fazendo um treinamento".

PALAVRAS IMPRECISAS

Palavras proferidas de forma errada criam imagem mental negativa no público, que passa a perceber os erros e não mais o conteúdo. Um expositor com problemas na pronúncia deve, obrigatoriamente, buscar auxílio acadêmico, médico ou esforçar-se para corrigir seu problema.

"Coisa" e "cara" são exemplos de palavras ditas frequentemente em apresentações, das mais formais às mais informais. São termos genéricos e bastante usados no dia a dia, mas passam uma imagem de extrema informalidade e generalizam a informação.

Evite se referir a um projeto, uma ideia, como "uma coisa" ou falar sobre um cliente, um colaborador ou um diretor como "o cara".

"A gente/nós": sempre especifique a quem se refere o "a gente" ou o "nós", complementando a informação de forma precisa. Exemplo: "a gente que faz muitas reuniões", "a gente da área de serviços", "nós da área da qualidade". Dessa forma, o receptor sabe a que se refere o "a gente" e o "nós", caso contrário, a mensagem pode se tornar ambígua e imprecisa.

DIMINUTIVOS

O uso do diminutivo pode significar a infantilização ou o desprezo em relação a uma ideia. Exemplo:

- Esse processinho
- Essa listinha
- Essa equipezinha

Essa prática não é valorizada e nem enfatizada na construção de uma apresentação profissional, pois pode, como já mencionado, infantilizar ou menosprezar uma informação. O seu uso deve ser evitado.

PRONÚNCIA INCORRETA

A má pronúncia muitas vezes tem sua origem na falta de exercícios de articulação e na velocidade da fala, fatores corrigidos por exercícios específicos.

Deve-se pronunciar bem e integralmente as palavras, dizê-las corretamente. Alguns exemplos:

Plêia (plêiade); tamém (também); vâmo (vamos); cê (você); primero (primeiro); janero (janeiro); precisá (precisar); trazê (trazer); levamo (levamos), etc.

Quando tivermos dificuldade em pronunciar alguma palavra, devemos substituí-la por outra de igual sentido.

Em algumas situações, a pronúncia pode ser prejudicada por fatores buco-maxilo-faciais, neste caso o auxílio especializado é valioso.

Cuidado na pronúncia para não "comer" os "esses" e os "erres".

CACOETES

Também chamados de tiques, podem ser motores ou vocais. Os defeitos vocais já avaliamos anteriormente como os Fisiológicos ou Psicológicos, Estereótipos de Apoio e Prolongamentos Vocálicos.

Importante salientar também, neste momento, os tiques motores, que trazem muito ruído para a comunicação, tirando a atenção do público de modo geral. Variam de movimentos simples a abruptos, como piscar os olhos, virar a cabeça ou encolher os ombros, até comportamentos mais complexos, que parecem ter um objetivo, como expressões faciais ou gestos com as mãos ou a cabeça. Provêm de uma resposta não consciente a diferentes estímulos psicológicos. Dentre esses se pode mencionar os sentimentos de insegurança, ansiedade, medo, irritação, fobia, entre outros.

Alguns cacoetes são bastante típicos, como por exemplo:

- Estalar as juntas dos dedos
- Piscar repetidas vezes os olhos
- Coçar a barba
- Puxar a calça para cima
- Jogar o cabelo para o lado
- Tirar e colocar os óculos
- Coçar a cabeça
- Morder a bochecha

Tiram a atenção dos ouvintes, que passam a perceber e prestar atenção no comportamento ou na atitude do expositor e não na mensagem. São geralmente comportamentos inconscientes e involuntários.

PERSONALISMO

Essa é uma grande armadilha que a exposição traz embutida e que toma conta do indivíduo despreparado para assumir a responsabilidade de ser o Divulgador da Boa Nova. Envolvido na vaidade que os elogios trazem, perde-se no exercício profundo da Reforma Interior e se entrega ao personalismo, fazendo de suas aulas e preleções momentos únicos e exclusivos de sua própria glória. A idolatria e o culto à sua própria imagem se sobrepõem em detrimento da mensagem e do objetivo pelo qual está ali.

Pode-se chegar à arrogância e à prepotência. Esquecendo-se de que devemos tratar os nossos semelhantes com respeito, dignidade e fraternidade, exercitando sempre e a todo instante a humildade.

Vejamos alguns tipos de personalismos:

- **Autossuficiência:** Expressão de orgulho, sente-se mais importante que a própria aula e apresentação. O indivíduo autossuficiente julga saber tudo sobre o assunto. Gosta de manifestar opiniões fortes e às vezes contraditórias, em muitas ocasiões julga atos e até mesmo as pessoas. Tende ao uso da eisegese, prática de se nominar explicações de sua própria crença para autores consagrados, na tentativa de dar credibilidade para a sua tese.
- **Complicação:** Alguns palestrantes adoram tornar as coisas mais difíceis, usam expressões mais técnicas, idiomáticas, americanizadas, gostam de criar controvérsias.
- **Superficialismo:** São palestrantes que não estudam o tema a fundo, são generalistas. Têm a tendência de dar maior importância aos palpites, hipóteses, "leu em algum lugar de que não se lembra". Correm o sério risco de manifestar opiniões de caráter próprio, trazendo interpretações isoladas, personalizadas e, não muito raro, conflitantes com o eixo central da Doutrina Espírita – as Obras Básicas.

Para nos afastarmos de vez do personalismo, devemos empregar sempre a primeira pessoa do plural ao nos dirigirmos ao público, ou seja, "nós". Nunca devemos dizer: "vocês devem", "vocês precisam", ou pior, usando sempre a primeira pessoa do singular Eu: "Eu fiz...", "Eu tenho..." Desta forma, o Expositor Espírita se distancia dos seus alunos e ouvintes, colocando-se num patamar acima dos demais. A linguagem inadequada ao entendimento da maioria dos ouvintes também proporciona este distanciamento, tornando a mensagem inalcançável.

Lembre-se que o mais importante é a aula e não você!

Como última recomendação, adicional a todos os demais tópicos listados acima, mas não menos importante: modele o tom de sua voz de acordo com o ambiente, evite falar muito baixo ou muito alto; muito depressa ou devagar, para não causar desconforto ao público de forma geral.

PARTE II
CONHECIMENTO

7

CUEE – CONTROLE UNIVERSAL DO ENSINO DOS ESPÍRITOS

"O Espiritismo, pois, vem, a seu turno, fazer o que cada ciência fez no seu advento: revelar novas leis e explicar, conseguintemente, os fenômenos compreendidos na alçada dessas leis."

A GÊNESE

Nesta parte do livro iremos nos dedicar ao estudo do Conhecimento, elemento imprescindível para uma boa, responsável e informativa apresentação, entre outros atributos.

O conhecimento atualmente está acessível como nunca antes esteve. O nosso celular carrega várias enciclopédias, coisa que no passado comprava-se pagando em 24 parcelas e eram exibidas nas prateleiras da sala de estar das casas, como aquisição importante. Existiam pelo menos duas famosíssimas – Barsa e Enciclopédia Britânica.

Esse conhecimento que "bate" à nossa porta e que insiste em ser adquirido, assimilado e compartilhado pode não ser fiel ao seu enunciado e, pior ainda, não ser verdadeiro – as chamadas *fake news*! Pode ser uma manipulação com interesses que nem sequer podemos imaginar, dada a mais ampla variedade possível, com um espectro que vai das mais nobres às mais medíocres e perversas.

Devemos ser criteriosos, seletivos e muito cuidadosos com toda informação que nos chega, analisando e averiguando a sua procedência e, sobretudo, evidentemente, o seu conteúdo.

Todo esse preâmbulo é para situar-nos no momento da Codificação das Obras Básicas do Espiritismo, trabalho realizado por Allan Kardec. Sabemos que ele foi o instrumento usado pela Espiritualidade Superior para conduzir essa Tarefa, conforme consta do subtítulo de O Livro dos Espíritos, onde temos a seguinte afirmativa sobre o conteúdo do livro:

"Princípios da Doutrina Espírita sobre a imortalidade da alma, a natureza dos Espíritos e suas relações com os homens, as leis morais, a vida presente, a vida futura e o porvir da Humanidade – segundo os ensinos dados por Espíritos Superiores com o concurso de diversos médiuns – recebidos e coordenados por Allan Kardec."

Kardec chegou a ter mais de mil médiuns em centros espíritas espalhados por várias localidades ao redor do mundo. Consta que chegaram a 37 países, incluindo o Brasil, mostrando o cunho universalista da doutrina bem como o caráter de espontaneidade e simultaneidade das mensagens recebidas. Isso numa época em que a comunicação não tinha todo o aparelhamento tecnológico que temos na atualidade.

No caso do *O Livro dos Espíritos* ele formulava as perguntas e as enviava para esses grupos e, de acordo com as respostas que iam chegando, ele as comparava, compilava e averiguava a integridade das mesmas – as respostas tinham que ser idênticas. Afinal de contas eram ditadas pelos mesmos Espíritos, garantindo o caráter universalista, da simultaneidade e espontaneidade no processo de recebimento das mensagens, como já mencionado anteriormente.

Nessa atividade de coleta, comparação, filtragem e compilação dos dados, Allan Kardec, orientado pelos Espíritos Superiores, desenvolveu e aperfeiçoou um método experimental, aplicado às ciências positivas, fundamentado na observação, comparação, análise sistemática e conclusão. Tinha o objetivo de separar as informações que não se encaixavam, destoando do geral, e formatar a espinha dorsal da nossa Doutrina, que é O Livro dos Espíritos. Adicionalmente a essa metodologia e em função de experiência obtida na aplicação da mesma, resolveu nos alertar quanto à existência de "infiltrados" que tentam desvirtuar a Obra. Essa orientação é a base do que ele convencionou chamar por CUEE – Controle Universal dos Ensinos dos Espíritos e consta da Introdução do ESE - *Evangelho segundo o Espiritismo*, item 2. Esse alerta é também reforçado no capitulo 21, mais especificamente nos itens 6 e 7 do ESE.

Kardec nos orienta com máxima veemência que toda informação deve ser submetida à nossa razão; aliás, já sabemos que a nossa Fé é, essencialmente, Raciocinada. Todavia essa orientação vai além, nos alertando para que toda informação seja avaliada por nós na sua plenitude, checando sua fonte e procedência e, sobretudo, se a mesma está aderente ou não aos princípios básicos da Doutrina e, caso não esteja, deve ser rejeitada de pronto, por mais respeitada que seja a assinatura que a trouxe.

Esse método, apesar de bastante racional, não apareceu somente com base na racionalidade, surgiu pela constatação por Kardec de que, conforme palavras dele, "...quando um princípio novo tem que ser enunciado, isso se dá espontaneamente em diversos pontos ao mesmo tempo e de modo idêntico, senão quanto à forma, quanto ao fundo..."

Ainda temos como reforço dessa orientação o que Allan Kardec escreveu na *Revista Espírita* de Maio de 1864:

"A força do Espiritismo não reside na opinião de um homem ou de um Espírito; está na universalidade do ensino dado por estes últimos; o controle universal, como o sufrágio universal, resolverá no futuro todas as questões litigiosas; fundará a unidade da doutrina muito melhor que um concílio de homens."

MÉTODO CIENTÍFICO E OS FENÔMENOS ESPÍRITAS

A ciência possui vários métodos e técnicas para desenvolver uma pesquisa e dotá-la de elementos que corroboram as suas teses.

Vejamos os Tipos de Métodos Científicos:

- **Indutivo:** Definido a partir da observação feita de um determinado fenômeno, assim como a identificação e o acompanhamento de repetição nessas observações.
- **Dedutivo:** A partir de uma premissa ou teoria já exposta, o pesquisador estabelece relação com a segunda proposição em estudo (premissa menor) e por meio do raciocínio lógico, chegar ao escopo ou princípio daquilo que propõe (conclusão final).

• **Dialético:** Busca por meio da antítese, negar a tese, com o objetivo que a resultante deste "embate" entre a tese e antítese, surja uma terceira, denominada síntese. A síntese pode dar origem a uma nova tese, iniciando um novo ciclo.

• **Estatístico:** Por meio da análise de uma série histórica de dados, gerar uma série de probabilidades, podendo gerar conclusões e fundamentações sobre o elemento estudado.

• **Comparativo:** A investigação é feita por meio da análise de dois ou mais fatos e fenômenos, analisando as diferenças e similaridades existentes entre eles. Esse método é bem versátil e pode ser utilizado em diferentes áreas de conhecimento, desde ciências sociais, por exemplo, comparando dois grupos, até na química, comparando substâncias diferentes.

• **Experimental:** Submete o fenômeno estudado à influência de variáveis controladas para analisar o impacto dessas mudanças no objeto alvo. Esse tipo de método exige que o pesquisador faça um planejamento rigoroso de como será feito.

O método adotado por Allan Kardec na investigação e comprovação do fato mediúnico – instrumento comprobatório da existência e comunicabilidade do Espírito – é o Experimental, aplicado às ciências positivas, fundamentado na observação, comparação, análise sistemática e conclusão bem como o Indutivo. No livro *A Gênese*, no capitulo 1, nos itens 14,15 e 16, detalha-se o processo e o método adotados. Vejamos o constante no item 14:

"Como meio de elaboração, o Espiritismo procede exatamente da mesma forma que as ciências positivas, aplicando o método experimental. Fatos novos se apresentam, que não podem ser explicados pelas leis conhecidas; ele os observa, compara, analisa e, remontando dos efeitos às causas, chega à lei que os rege; depois deduz-lhes as consequências e busca as aplicações úteis. Não estabeleceu nenhuma teoria preconcebida; assim, não apresentou como hipóteses a existência e a intervenção dos Espíritos, nem o perispírito, nem a reencarnação, nem qualquer dos princípios da doutrina; concluiu pela existência dos Espíritos, quando essa existência ressaltou evidente da observação dos fatos, procedendo de igual maneira quanto aos outros princípios. Não foram os fatos que vieram a posteriori confirmar a teoria: a teoria é que veio subsequentemente explicar e resumir os fatos. É, pois, rigorosamente exato dizer-se que o Espiritismo é uma ciência de observação e não produto da imaginação. As ciências só fizeram progressos importantes depois que seus estudos se basearam sobre o método experimental; até então, acreditou-se que esse método também só era aplicável à matéria, ao passo que o é também às coisas metafísicas."

O ESPIRITISMO: CIÊNCIA E FILOSOFIA

No Espiritismo, Filosofia e Ciência se completam mútua, profunda e reciprocamente. Não é por acaso que são considerados nossos pilares atrelados à Religião. A própria Religião cujo termo foi, inicialmente, repudiado por Kardec quando do lançamento de *O Livro dos Espíritos* e posteriormente reconhecida por ele próprio como elemento agregador. A Religião só não pode ser vista por nós com o mesmo formato existente nas demais denominações religiosas, pois não se coaduna com aquilo que entendemos como tal. Longe dos rituais, cultos e crenças exteriores nós, Espíritas, buscamos a posição sempre humilde do Publicano em total detrimento do Fariseu.

Relativamente à Filosofia e Ciência, Allan Kardec, no livro de sua autoria *O que é o Espiritismo*, no final do Preâmbulo, define a Doutrina Espírita da seguinte forma:

"O Espiritismo é, ao mesmo tempo, uma ciência de observação e uma doutrina filosófica. Como ciência prática ele consiste nas relações que se estabelecem entre nós e os Espíritos; como filosofia, compreende todas as consequências morais que dimanam dessas mesmas relações.

Podemos defini-lo assim:

O Espiritismo é uma ciência que trata da natureza, origem e destino dos Espíritos, bem como de suas relações com o mundo corporal."

ORAI E VIGIAI

Toda essa abordagem é para nos alertar quanto à responsabilidade que temos em nossas mãos (senão boca) quando estamos falando em nome da Doutrina. Já sabemos que seremos responsáveis diretos por tudo aquilo que falarmos e, mais cobrados seremos, quando levarmos discórdias, dúvidas, interpretações erradas, divisões, paradigmas e criarmos nossos próprios conceitos sobre temas relacionados com a Doutrina.

Devemos primar pela pureza das nossas apresentações, usando da ortodoxia como lema. Numa aula ou apresentação ao público em geral, não temos o direito de trazer nossas próprias interpretações sobre esse ou aquele tema ou assunto, salvo se julgarmos que há espaço para isso e que deixemos claro tratar-se de opinião própria sobre isso.

Temos que ser fiéis aos ensinamentos contidos nas Obras Básicas (tudo deve estar alinhado com seus princípios e ensinamentos) e em constante alerta para evitar que infiltrações provenientes de Espíritos que queiram desestabilizar a Tarefa, se materializem em nosso Ser e promovam as suas obras.

Orai e Vigiai, Irmãos!!

Não abramos espaços para que a nossa prepotência aliada aos nossos defeitos se vanglorie e tome conta dessa Tarefa Redentora.

8
TEORIA DO CONHECIMENTO

"Conhece-te a ti mesmo e conhecerás o universo e os deuses."
Sócrates

Como mencionado na Introdução, a Parte do Conhecimento deste livro está intimamente ligada ao Pilar da Filosofia da Doutrina.

Os termos e estudos a seguir serão fundamentais para aproximar o interessado de conceitos importantes e relevantes na correta e efetiva preparação para o desenvolvimento pleno e adequado dessa Tarefa. Os nomes assustam mais que seus conceitos e explicações.

Julguei pertinente abordar esses princípios, mesmo que de forma sucinta, nesta parte do livro, como uma pincelada, com o objetivo de estimular aqueles que quiserem se aprofundar nesta ciência, que é a filosofia.

GNOSIOLOGIA

Podendo ser escrita como gnoseologia, está relacionada com a Teoria do Conhecimento, que tem por objetivo buscar a origem, a natureza, o valor e os limites do mesmo, melhor dizendo, da faculdade de conhecer. Vejamos a definição constante da Wikipédia:

A gnosiologia, também chamada teoria do conhecimento, é o ramo da filosofia que se ocupa do estudo do conhecimento. É a reflexão em torno da origem, natureza e limites do ato cognitivo. Ocupa-se da validade do conhecimento em função do sujeito cognoscente, ou seja, daquele que conhece o objeto.

De acordo com esta corrente, os principais problemas da Teoria do Conhecimento são:

- A Possibilidade do Conhecimento

- A Origem do Conhecimento
- O Limite do Conhecimento
- A Essência do Conhecimento
- As Formas do Conhecimento
- O Valor do Conhecimento (a Verdade)

Outra corrente, a Aristotélico-Tomista tem uma abordagem mais objetiva e direta, com a qual irei me deter neste estudo, que diz:

Se há conhecimento humano, existe a verdade, porque esta nada mais é do que a adequação da inteligência com a coisa em análise. Com o conhecimento da verdade, há consequentemente, a certeza, que surge mediante a passagem da inteligência à verdade conhecida.

Metodologicamente, há primeiramente o Conhecimento, depois a Verdade (valor do conhecimento), e finalmente a Certeza. Entretanto, no início do processo, ou seja, no desenvolvimento do Conhecimento, se não há uma tomada de posição baseado na crítica, temos o que é chamado de dogmatismo, tese defendida por filósofos realistas, como por exemplo, não somente Aristóteles, mas também, Tomás de Aquino.

Se, ao contrário, se sustentar que a inteligência permanece, em tudo e sempre, sem nada afirmar e sem nada negar, sem admitir nenhuma Verdade e nenhuma Certeza, permanecendo o resultado normal da inteligência humana, está se defendendo o ceticismo.

De um lado, se não há Crítica sobre o Conhecimento, temos o Dogmatismo com a crença cega sem nenhum questionamento e, do outro lado, se não houver nenhuma Afirmação ou Negação da Verdade ou da Certeza, temos o Ceticismo, processo de dúvida constante.

- **DOGMA:** Ponto fundamental de uma doutrina religiosa, apresentado como certo e indiscutível.
- **CETICISMO:** Doutrina segundo a qual o Espírito humano não pode atingir nenhuma certeza a respeito da verdade, o que resulta em um procedimento intelectual de dúvida permanente e na abdicação, por inata incapacidade, de uma compreensão metafísica, religiosa ou absoluta do real.

A conclusão que devemos tirar dessas análises, ensinamentos e reflexões é reafirmar o que o CUEE nos alerta:

"O primeiro exame comprobativo é, pois, sem contradita, o da razão, ao qual cumpre se submeta, sem exceção, tudo o que venha dos Espíritos."

A nossa responsabilidade é redobrada quando iremos compartilhar nosso estudo e pesquisa nas nossas apresentações, devemos primar pelo zelo doutrinário e com todo o cuidado para não incorporar conceitos pessoais à doutrina, no exercício do personalismo, pois não temos controle dos efeitos disso, como já estudado.

Trago toda essa abordagem filosófica para nos alertar quanto à necessidade de usar esses princípios, para uma análise profunda e isenta, afastando-nos do dogmatismo e do ceticismo, ou seja:

- **Criticar a informação:** Não aceitar de bate-pronto tudo que nos chega, especialmente pela internet. Essa fonte é aberta a todos e por isso deve merecer toda nossa atenção e crítica.
- **Negar e Afirmar:** Esse procedimento nos forçará a pesquisar e a tecer opiniões que nos afastarão da descrença e fortalecerão os conceitos, se verdadeiros, dentro de nós e, caso contrário, não nos fará perder tempo com falsas verdades que não se sustentam à primeira análise mais profunda.

Todo esse senso crítico é primordial para evitar mistificações dentro da Doutrina, abolir interpretações oportunistas que tentam tirar proveito da Autoridade da Doutrina em benefício próprio e distanciar-se do fisiologismo e personalismo, exercitando a humildade de ser sempre um Estudioso da Doutrina e não um *doutor honoris causa*, pedestal em que nunca devemos pisar.

EPISTEMOLOGIA

Epistemologia é uma palavra que vem do grego e significa ciência, conhecimento, é o estudo científico que trata dos problemas relacionados com à crença e ao conhecimento, sua natureza e limitações.

Estuda a origem, a estrutura, os métodos e a validade do conhecimento. Tal qual a Gnosiologia, é também conhecida como Teoria do

Conhecimento e relaciona-se com a metafísica, a lógica e a filosofia da ciência.

É uma das principais áreas da filosofia, compreende a possibilidade do conhecimento, ou seja, que é possível o ser humano alcançar o conhecimento pleno, total e genuíno.

Surgiu com Platão, pois ele se opunha à crença ou opinião em favor do conhecimento. A crença é um ponto de vista subjetivo e o conhecimento é crença verdadeira e justificada. Já sabemos que no Espiritismo a nossa Fé tem que ser raciocinada. A Teoria de Platão diz que "o Conhecimento é o conjunto de todas as informações que descrevem e explicam o mundo natural e social que nos rodeia".

A Epistemologia tem duas correntes, uma empirista que diz que o conhecimento deve ser baseado na experiência, ou seja, no que for apreendido durante a vida, e a corrente racionalista, que prega que a fonte do conhecimento se encontra na razão, e não na experiência.

Para o psicólogo e filósofo Jean Piaget, o conhecimento não é algo inato dentro de um indivíduo. De igual forma o conhecimento não é exclusivamente alcançado por meio da observação do meio envolvente. Segundo Piaget, o conhecimento é produzido graças a uma interação do indivíduo com o seu meio, de acordo com estruturas que fazem parte do próprio indivíduo.

O entendimento da epistemologia nos ajudará a conduzir nosso conhecimento, mas, sobretudo, nos auxiliará a entender e a desenvolver mecanismos que facilitem nossos alunos e ouvintes a entenderem o real objetivo de nossas apresentações.

Immanuel Kant, filósofo alemão, acrescenta que "o conhecimento é constituído pelo *a priori*, ligado à metafísica, no nosso entendimento ao Espírito e pelo *posteriori*, ligado à matéria fornecida pelo campo da experiência a ser vivida. Não se pode desenvolver o conhecimento, dissociando um dos aspectos".

Entender esse aspecto nos sensibilizará com as diferentes formas que existem de se absorver o conhecimento. Cada um de nós tem uma forma diferente de assimilar o conteúdo, conforme o estudo ora apresentado poderá ser sempre baseado, a saber:

- Na herança genética (e aqui podemos entender como espiritual também),
- Na instrução,
- Na experiência vivenciada,
- Na capacidade cognitiva,
- No ambiente atual,
- Na metodologia aplicada.

Os fatores acima, entre tantos outros aspectos, são o que torna esse processo de desenvolvimento do conhecimento complexo, individualizado e rico em desafios educacionais.

Por isso uma aula ou apresentação não é somente a compilação de dados, informação e conteúdo. É, sobretudo, uma oportunidade para se aplicar uma série de métodos que auxiliem nossos alunos e ouvintes a entenderem o objetivo explícito e implícito da apresentação.

9

TEORIA DA INTERPRETAÇÃO

"Às vezes um pepino é somente um pepino."
Sigmund Freud

Iremos estudar neste capítulo as ciências filosóficas que nos ajudam a interpretar um texto ou estudo corretamente e, consequentemente, nos preparar adequadamente para apresentá-lo clara e integralmente. Além disso, entender como devemos apresentar um Tema, de forma que possa ser plenamente absorvido e retido pelos nossos alunos ou ouvintes. É a filosofia nos ensinando a ensinar!

É importante nos aproximarmos das terminologias e expressões que usaremos neste capítulo, se não para uso e conhecimento, pelo menos para nos familiarizar com os mesmos.

A Hermenêutica e a Exegese são duas disciplinas importantes para uma boa apresentação. Em muitas definições se confundirão e parecerão que têm o mesmo propósito e objetivo na interpretação de um texto. Entretanto, apesar de os conceitos serem muito parecidos, há uma significativa diferença entre as duas palavras, tanto no conceito quanto na aplicação, tais aspectos são extremamente relevantes para aquele que quer analisar os textos e interpretá-los de forma isenta e correta. Em síntese, mas não se prendendo a essa definição, a primeira auxilia com as técnicas de pesquisa, estudo e entendimento, enquanto que a segunda, auxilia com as técnicas puristas de interpretação da mensagem, focando na exposição e apresentação do tema, de acordo com a mensagem que o autor trouxe. Sendo assim, a hermenêutica é a ferramenta de interpretação e a exegese, a maneira como usar essa ferramenta.

Vejamos com mais detalhes:

HERMENÊUTICA

É a ciência da interpretação textual, entretanto não é apenas uma técnica de interpretação baseada num conjunto de regras.

De acordo com a Wikipédia o termo "hermenêutica" provém do verbo grego *hermēneuein* e significa "declarar", "anunciar", "interpretar", "esclarecer" e, por último, "traduzir". Significa que alguma coisa é "tornada compreensível" ou "levada à compreensão".

O termo deriva do nome do deus da mitologia grega Hermes – o mensageiro dos deuses, a quem os gregos atribuíam a origem da linguagem e da escrita. É considerado o patrono da comunicação e do entendimento humano.

Desde os séculos XVII e XVIII o uso do termo é utilizado para definir a correta e precisa interpretação da Bíblia.

Há outra corrente que afirma que o termo "hermenêutica" deriva do grego *ermēneutikē* que significa "ciência", "técnica" que tem por objeto a interpretação de textos poéticos ou religiosos.

Como Missionários da Palavra e Divulgadores da Doutrina Espírita, reitero, nossa responsabilidade é infinita, não tem como mensurar, dado à incapacidade de se medir o efeito que uma mensagem ou palavra pode produzir no Ser. A busca pelo conhecimento nos fará Seres ávidos por leitura, *workshops*, cursos, encontros, feiras, estudos dirigidos entre tantas outras oportunidades de agregar conteúdo, valor e informação. Nesse mister, já os alertei e insisto com a necessidade de sermos seletivos, prudentes e criteriosos com toda informação que chega em nossa mão. A hermenêutica é a ciência que, às vezes sem saber, adotamos neste estudo comprometido com o ensinar. Não estaremos mais lendo, estudando ou aprendendo para ampliar nossa bagagem. O objetivo, de agora em diante, será a busca do conhecimento de forma que você possa explicá-lo adiante, com suas próprias palavras e método, traduzindo para seus ouvintes ou alunos o conhecimento adquirido, facilitando o pleno e perfeito entendimento e compreensão daquele tema ou assunto para eles.

A busca em entender o tema ou assunto abordado será mais aprofundado, você mergulhará nos detalhes e procurará entender o que está por detrás daquele conceito ou reflexão. Em muitos adeptos, esse processo se perpetuará no seu Ser e se tornará automático e, para alguns, haverá necessidade de se desenvolver um processo que os conduza a essa prática, mas, de um jeito ou de outro, a nossa leitura será mais crítica, observadora e analítica, prendendo-se aos detalhes, já imaginando que aquele detalhe pode ser objeto de uma pergunta ou dúvida, numa aula ou apresentação futura.

Daí a importância de entendermos a hermenêutica para nos aproximarmos dessa ciência que tem fundamentação racional, com sua maneira peculiar de ação e com objetivos claros de interpretação do texto. Pode ser considerada uma ciência interpretativa especulativa, que busca o saber pelo saber. Objetivamente a finalidade da hermenêutica é dar a um texto a sua interpretação correta.

A hermenêutica já tem uma essência ampla, pois abrange aspectos que vão desde às generalidades quanto às especificidades. Significa dizer que a hermenêutica analisa não somente o texto, mas também o contexto, tornando-se imprescindíveis elementos como fator histórico, momento político em que o texto ou livro fora escrito, fator social, cultural, econômico, etc.

É dividida em literária, jurídica e teológica. A hermenêutica literária está muito associada com a interpretação dos textos poéticos ou ficcionais, enquanto que a jurídica, está centrada nos textos legais e a teológica, em textos sagrados.

Portanto, como bons hermeneutas que somos (não se assuste com este título!), de agora em diante, com nossos métodos e processos próprios, sejamos leitores criteriosos, seletivos, objetivos, detalhistas, contextualizadores do tema e do assunto com crítica textual e literária livre de preconceitos e paradigmas, indo das generalidades às especificidades responsáveis, íntegros, verdadeiros entre tantos atributos destes Colaboradores e Missionários na Divulgação da Boa Nova, que auxiliam e auxiliarão tantos a entenderem e compreenderem as lições e ensinamentos desta Revelação Divina.

Importante e relevante que nos afastemos do personalismo, da vaidade, do egocentrismo, do orgulho e de tantos defeitos inomináveis, afim de que essa Missão seja honrosa, gloriosa e divinizante em nossas Vidas e que os frutos e louros – se houver – sejam colhidos mediante meritório e dignificante Atividade Redentora na Seara do nosso Mestre Jesus. Avante e ao Trabalho Sempre!

EXEGESE

A palavra Exegese, do grego *eksegesis*, cujo significado é "explicar, interpretar, contar, descrever, relatar". Significa, segundo o contexto, narrativa, explicação, interpretação.

É o estudo cuidadoso, criterioso e sistemático de um texto para comentários, visando o esclarecimento ou interpretação do mesmo, com base literalmente no que o autor quis dizer na narrativa. Diferentemente da hermenêutica, não busca a contextualização do texto e nem os fatores externos de quando foi escrito. É o estudo mais clássico e cartesiano e pode subsidiar o passo da interpretação do método analítico e mais abrangente da hermenêutica.

A exegese poderia ser considerada como a correta e restrita interpretação que um ator faz sobre o texto, não se aceitando variações ou adaptações contextuais. O ator deve interpretar efetivamente e sem nenhum ajuste o que o autor quis retratar, isso denota extrair-se do texto aquilo que ele significa de forma literal.

De maneira objetiva e direta, desenvolver a exegese de um texto significa usar o seguinte procedimento: determinar o texto original (crítica textual), análise do mesmo (crítica das formas linguística do texto, estrutura, semântica), crítica literária e, claro, a busca pela compreensão da narrativa e mensagem sem contextualizar o tempo e o lugar. São elementos imprescindíveis para uma perfeita analise técnico-científica daquilo que o autor quis trazer para o nosso convívio.

Por fim a exegese objetiva dispor os elementos a serem expostos de maneira clara, lógica, sequencial e esteticamente adequada para formar um conjunto harmônico que facilite o pleno e perfeito entendimento pelos interlocutores, ouvintes e alunos, daquilo que o tema ou autor propôs.

A hermenêutica, como já mencionado anteriormente, tem maior abrangência e nos permite interpretações fora do texto escrito pelo autor, podendo ir ao contexto, entre outros aspectos intrínsecos e extrínsecos à mensagem. Por isso é que a exegese auxilia ao hermeneuta, como técnica de análise científica das mensagens.

EISEGESE

Enquanto a exegese consiste em extrair o significado de um texto, narrativa ou palavra, mediante legítimos e científicos métodos de interpretação, a Eisegese consiste em incluir, adicionar e até manipular um texto, conceito ou argumento, com alguma coisa que o indivíduo quer que esteja ali, mas que na verdade não faz parte do mesmo. Por mais que o objetivo seja nobre, essa prática é condenável sob todos os aspectos.

Não é legítimo incluir opinião particular em textos alheios, isso é no mínimo imoral e antiético, prática que deve ser eliminada de nosso convívio.

Todo conceito ou afirmativa que queiramos trazer sobre essa ou aquela prática ou ação, deve ser assumido por nós mesmos, deixando claro que se trata de opinião pessoal e não tem nenhum vínculo com o que o autor trouxe. Isso é o que a hermenêutica nos possibilita durante o seu exercício.

O inverso também é verdadeiro, devemos nos afastar de trazer para nossa propriedade conceitos, frases e princípios dos autores dos nossos estudos. É ético e moralmente adequado que em nossas apresentações façamos referências aos autores, mencionando inclusive a bibliografia que subsidiou o estudo.

Em síntese, a eisegese consiste em manipular o texto para dizer o que ele não diz.

HOMILÉTICA

A palavra vem do grego, *homiletike*, e significa ensino, conversa; tal qual a pregação cristã que era feita nas casas, em forma de conversação.

Originalmente e de forma mais usual, o conceito de Homilética é atribuído a sermões evangélicos das igrejas pentecostais, similar às homilias proferidas pelos padres na Igreja Católica, portanto, dado a esse viés religioso, tem como significado a ciência que ensina como preparar e comunicar sermões, ou seja, a arte de pregar.

A abordagem de se ter uma conversa com os seus ouvintes ou alunos é o alvo que todos nós Divulgadores da Boa Nova deveríamos atingir, adotando essa prática em nosso dia a dia.

Buscar a simplicidade, a naturalidade e a singeleza junto e com os seus ouvintes e/ou alunos, sentado, sem microfone, sem púlpito, sem diferenças. Desenvolver um tema de igual para igual sem colocar-se na condição de "conhecedor" do tema, distanciando-se da experiência individual de cada participante.

Sentado, olho no olho, a aula passa a ser uma troca de experiências que enriquecerá ambos os lados e, certamente, nos afastará do personalismo que tanto nos provoca a invigilância e induz ao erro da vaidade.

10

PROCESSO ENSINO-APRENDIZAGEM

"Ensinar não é transferir conhecimento, mas criar as possibilidades para sua construção e produção."
Paulo Freire

Por que falar sobre o processo de ensino-aprendizagem? Porque seremos os mediadores entre o conteúdo e aqueles que o buscam. Entender o contexto da educação: origem, evolução e métodos é fundamental, na minha perspectiva, para que possamos desenvolver essa habilidade e possamos deixar de ser passivos, atuando sem entender o processo.

Creio que este estudo nos auxiliará a adotar uma postura mais ativa e de liderança nesse processo do Ensinar.

Evidentemente, como expositores e palestrantes, não teremos muito contato com os alunos e participantes, salvo em nossas aulas. Isso cabe aos dirigentes de Escola e Cursos e também aos coordenadores de Tarefa, que certamente estão habilitados a entenderem todo esse processo (ensino-aprendizagem) de forma a conduzir adequadamente todos, e devem ter método para atuar individual e isoladamente com cada participante ou aluno, entendendo e atendendo suas aspirações, necessidades, alinhando expectativas e, sobretudo, dificuldades. Não há Escolas, Cursos ou Tarefas sem aluno (no singular).

Julgo relevante e até preponderante conhecermos as Técnicas de Aprendizagem e determos seus conceitos e suas habilidades para nos auxiliar no correto e efetivo compartilhamento do saber.

Então vamos entender o contexto, com uma rápida abordagem sobre a evolução da Educação.

Até pouco tempo atrás predominava na prática escolar uma aprendizagem do tipo passivo e receptivo (muito provavelmente alguns dos leitores deste livro foram submetidos a esse tipo de metodologia, como eu fui). Aprender era quase exclusivamente memorizar. Neste tipo de aprendizagem, a compreensão desempenhava um papel muito reduzido.

Resumidamente existem dois tipos de processos de transferência do saber, ou melhor dizendo, Processos de Aprendizagem.

Vejamos:

- **Processo passivo:** Exposição de conhecimentos; aprende-se com olhos e ouvidos – recebe-se; o aluno se abre para ideias e sentimentos dos outros; aprende-se a ouvir e discutir por intermédio dos outros.
- **Processo ativo:** Vivência e experimentação; aprende-se com a cabeça, com o coração e com as mãos; o aluno dá de si – afirma-se; criando, compreende melhor a si próprio; descobre as aptidões e limites; aprende-se a trabalhar com os outros.

Exemplificando: Aprender sobre a caridade pode ir além do informar sobre ela, seu significado, suas características, que seria o processo passivo. No processo ativo, o aprendizado será mais rico e completo se conduzirmos as pessoas à rua, por alguns momentos, para ver, conversar e observar os outros e o mundo, com seus contrastes sociais, a solidão, a impiedade, as lacunas da comunicação humana, o sofrimento e a dor da desilusão, etc. Esse recurso se potencializará significativamente, se houver uma programação organizada de visitas ou trabalhos em obras sociais de valor e que, ao longo do tempo, o aluno possa ver a evolução dos assistidos.

É a diferença que existe entre a teoria e a prática, entre observar e estudar um mecanismo e, ao invés, tentar montá-lo. Assim, quanto mais o aprendizado se aproxima da vivência, mais autêntico se torna.

Atualmente, na educação, já não se adota mais essa metodologia do reproduzir literalmente as palavras e ter as frases decoradas, como era "antigamente". A compreensão do que se falava ou se escrevia ficava relegada a um segundo plano, era a mecânica em detrimento da inteligência.

Na evolução desse processo, houve vários filósofos e educadores que conclamavam os mestres a darem mais ênfase à compreensão do que à memorização. Citarei três que se transformaram no expoente dessa tendência. Vejamos:

- **Sócrates:** Para ele, a função do mestre é de apenas ajudar o discípulo a descobrir, por si mesmo, a verdade. Afirmava que os mestres deveriam ter paciência com os erros e as dúvidas de seus alunos, pois é a consciência do erro que os leva a progredir na aprendizagem.
- **Comenius, João Amos:** Bispo, escritor, cientista e pedagogo Checo. É considerado o fundador da Pedagogia Moderna. Segundo ele, dentre as obras criadas por Deus, o ser humano é a mais perfeita. Acreditava que o fim do homem é a felicidade eterna. Assim, o objetivo da educação, ao seu ver, era ajudar o homem a atingir essa finalidade transcendente e metafísica, desenvolvendo o domínio de si mesmo por meio do conhecimento de si próprio e de todas as coisas. Segundo ele, ao ensinar um assunto o professor deve:
  - ✓ Apresentar o objeto ou ideia diretamente, fazendo demonstração, pois o aluno aprende por meio dos sentidos, principalmente vendo e tocando.
  - ✓ Mostrar a utilidade específica do conhecimento transmitido e a sua aplicação na vida diária.
  - ✓ Fazer referência à natureza e origem dos fenômenos estudados, isto é, às suas causas.
  - ✓ Explicar primeiramente os princípios gerais e só depois os detalhes. Passar para o assunto ou tópico seguinte do conteúdo apenas quando o aluno tiver compreendido o anterior.
- **Pestalozzi, Heinrich:** Professor e orientador de Hippolyte Léon Denizard Rivail. Allan Kardec frequentou a escola de Pestalozzi, na Suíça e de lá saiu como um fiel seguidor desse método e linha filosófica. Essa escola certamente influenciou a forma como a Terceira Revelação chegou até nós, codificada por Kardec.

Pestalozzi defendia a doutrina dos naturalistas, em especial a de Rousseau, pois acreditava que o ser humano nascia bom e que o caráter de um homem era formado pelo ambiente que o rodeia, ou seja, podemos concluir que o homem é produto do meio. Sustentava que era preciso tornar esse ambiente o mais próximo possível das condições naturais, para que o caráter do indivíduo se desenvolvesse ou fosse formado positivamente. Para ele, a transformação da sociedade iria se processar por meio da educação, que tinha como finalidade o desenvolvimento natural, progressivo e harmonioso de todas as faculdades e aptidões do ser humano.

Para Pestalozzi, a educação era um instrumento de reforma social. Ele pregava a educação das massas e proclamava que toda criança deveria ter acesso à educação escolar, por mais pobre que fosse.

Na teoria educacional de Pestalozzi podemos encontrar as sementes da Pedagogia moderna. Foi ele o primeiro a formular de modo claro e explícito o princípio de que a educação deveria respeitar o desenvolvimento infantil. Na concepção de Pestalozzi, o principal objetivo da educação era favorecer o desenvolvimento físico, intelectual e moral da criança e do jovem, por meio da vivência de experiências selecionadas e graduadas, necessárias ao exercício dessas capacidades.

A seleção desses três eminentes filósofos e referência nos conceitos básicos da educação moderna é para nos contextualizar naquilo que considero relevante numa aula e, também, para demonstrar que não é fruto exclusivo do meu pensamento ou de alguém individualmente. A efetiva participação do aluno no processo de aprendizagem aumenta significativamente a absorção e retenção do conteúdo apresentado. É isso que se busca a todo momento, neste livro, desse a Introdução.

Adicionalmente, é importante citar Jean Piaget, considerado um dos maiores pensadores do século passado. Era biólogo e psicólogo de formação. Nominado "o biólogo que colocou a aprendizagem no microscópio". Trouxe relevante contribuição no campo da pedagogia infantil, afirmando que as crianças não aprendem como os adultos. Educar, para Piaget, é "provocar a atividade" – isto é, estimular a procura do conhecimento.

EDUCAÇÃO

A educação vem do impulso íntimo da criatura em se conhecer, se aperfeiçoar e desenvolver em si mesmo, todo o seu potencial.

Essa educação não tem fim e é um pouco como o amor, é muito livre e ao mesmo tempo, muito exigente.

É permanentemente incompleta, devido às transformações rápidas do mundo e, sobretudo, devido às necessidades de evoluir que caracteriza o Espírito.

Desta forma, se estamos envolvidos num esforço organizado dentro da Doutrina Espírita, que liberta e faz crescer o Espírito por meio da fé raciocinada, devemos nos preocupar em estruturar nossa formação educacional por meio de um modelo construtivista que nos aproxime da realidade e promova as transformações necessárias no Ser, impregnando o nosso aprendizado do conteúdo da moral-cristã à luz do entendimento da Terceira Revelação, de forma que possamos nos habilitar a fazer parte do processo planificado e estruturado que a Doutrina Espírita coloca à disposição de todos os seus adeptos e seguidores.

Trata-se de uma educação total, e não apenas da sua forma tradicional, restrita à ideia de bancos escolares, como já apresentado. É um modelo que une as três concepções filosóficas de Sócrates, Pestalozzi e Comenius, entre tantos outros colaboradores ora não citados, mas que, alinhados com este conceito, são tão responsáveis por este modelo quanto estes três.

É um modelo personalista, que respeita as limitações e potencializa as habilidades individuais, tirando do indivíduo o que de melhor ele pode oferecer. Essa é a modelagem construtivista-espírita que não olha os defeitos com a ânsia de neutralizá-los ou mesmo eliminá-los; pelo contrário, busca nos defeitos a alavanca da Reforma Interior, fazendo com que as Virtudes opostas sejam exercitadas e praticadas no dia a dia, pelo simples fato da prática do defeito. Na essência, não luta contra os defeitos, mas por meio deles estimula a prática das Virtudes opostas, latentes dentro de cada um de nós. É a luta diária do Espírita consciente, que é vigilante e atento a tudo e a todos.

PNL - PROGRAMAÇÃO NEURO-LINGUÍSTICA

A PNL compreende três diferentes níveis dentro de um indivíduo.

Vejamos:

• **NEURO:** Reconhece a ideia fundamental de que todos os comportamentos nascem dos processos neurológicos da visão, audição, olfato, paladar, tato e sensação. Percebemos o mundo por meio dos cinco sentidos. Compreendemos a informação e depois agimos. Nossa neurologia inclui não apenas os processos mentais invisíveis, mas também as reações fisiológicas a ideias e acontecimentos. Corpo e mente formam uma unidade inseparável.

• **LINGUÍSTICA:** Indica que usamos a linguagem para ordenar nossos pensamentos e comportamentos e nos comunicarmos com os outros.

• **PROGRAMAÇÃO:** Refere-se à maneira como organizamos nossas ideias e ações afim de produzir resultados. A PNL trata da estrutura da experiência humana subjetiva, de como organizamos o que vemos por meio dos nossos sentidos. Também examina a forma como descrevemos isso por meio da linguagem e como agimos, intencionalmente ou não, para produzir resultados.

Esta teoria, denominada VAC (visual, auditivo e cinestésico), que foi desenvolvida pelos especialistas em ensino Fernald, Keller, Orton, Gilingham, Stilman e Montessori na década de 20 do século passado, pressupõe que a aprendizagem ocorre por meio de uma abordagem multissensorial, baseado nos sentidos visual, auditivo e tátil. Cada indivíduo possui um estilo preponderante ou predileto para aprender os conteúdos das mais variadas disciplinas, podendo ainda haver alguns em que há a mistura equilibrada entre os três estilos.

Essa ciência, em síntese, traz uma abordagem de que os canais de comunicação dos seres são:

• **Visual:** Percepção do mundo pelo que se vê.

• **Auditivo:** Percepção do mundo pelo que se ouve.

• **Cinestésico:** Percepção do mundo pelo que se sente.

Em todo o nível de comunicação estes três canais se fazem presentes.

Portanto, a aula deve ser preparada para ser "ouvida", "vista" e "sentida", pois só assim a comunicação se estabelecerá plenamente.

Independentemente deste aspecto específico, temos a mesma afirmativa, de acordo com o estudo da Universidade da Califórnia (conforme já mencionado anteriormente) de que em média só retemos 7% do que ouvimos, 38% do que vemos e 55% do que sentimos. Regra 7-38-55.

Para que se efetue a boa comunicação, é necessária a sintonia (*rapport*), algo em comum que alimente e sustente esta relação. O *rapport* se estabelecerá com o domínio que tem do conteúdo, programa e dos objetivos de cada aula ou apresentação.

Um exemplo perfeito do *rapport* é o da dança de casal, pois quando se dança bem não se sabe quem está conduzindo ou quem é conduzido, as ações são comandadas em conjunto, pois os dois se movimentam ao sabor do mesmo ritmo e harmonia. Neste exemplo, quando se atinge o pleno objetivo da aula tanto a participação do "facilitador", que é o expositor do tema, quanto a participação dos alunos, com perguntas aderentes e seus testemunhos se complementam, propiciando um momento de profundo aprendizado para ambos os lados.

MÉTODO DE ENSINO

Método, do grego *methodos*, significa "caminho para chegar a um fim". É um processo ou técnica de ensino.

O método depende dos propósitos que se objetiva, da habilidade de quem irá aplicá-lo, da disposição e interesse dos alunos, do tamanho do grupo, do tempo disponível e dos materiais de trabalho.

É imperioso definir a estratégia de apresentação, para que os meios justifiquem o fim, ou seja, o objetivo a ser alcançado.

É de suma importância se atentar para os seguintes itens:

• Pesquisa adequada e profunda sobre o tema;

• Averiguar aderência com os Postulados Espíritas em consonância com o que nos orienta o CUEE.

• Identificar as referências bibliográficas, se possível, informando a citação acompanhada do capítulo, página e edição do livro.

• Preparar a apresentação seguindo uma lógica que permita ao leigo entender e absorver o conteúdo. Lembre-se da relação da

Regra dos 7-38-55 e da PNL, estratégia de ensino que devemos seguir, auxiliando os alunos na retenção do conteúdo.

• Ligar para os organizadores a fim de entender as restrições físicas do local onde será ministrado a apresentação ou aula, tais como: acesso, estacionamento, espaço físico (quantidade de pessoas), pode-se usar recurso multimídia? Se é uma aula, averiguar os tipos de alunos, como foi a última aula, tem alguma orientação específica ou tema que gostaria que fosse abordado na aula? De quanto tempo dispõe?

• Pode-se usar algum tipo de dinâmica? Se positivo, averiguar a adequação da mesma, se não há nenhum participante com algum tipo de impedimento físico ou psicológico.

• Adotar alguma outra forma de apresentar a aula, como, por exemplo:

✓ Debate orientado que é o método pelo qual o expositor apresenta seu ponto de vista e fala os prós e os contras do mesmo, numa determinada proposição. É a afirmativa pela análise do contraditório. Use-o quando os assuntos requeiram sutileza, para estimular a análise dos alunos, para apresentar diferentes pontos de vista. A vantagem desse método é que apresenta os dois aspectos de um problema, aprofundando os assuntos em discussão e com isso despertando o interesse de toda a classe. O expositor deve dominar muito bem o tema e evitar o debate onde um lado ou participante queira "ganhar" em detrimento do outro.

✓ Maiêutica é o método socrático, onde o instrutor desenvolve sua exposição fazendo perguntas aos alunos. Deve-se evitar o pseudodiálogo ou cochicho durante a aula. Pode, entretanto, permitir que pares de alunos conversem sobre o tema em questão, buscando um entendimento comum.

✓ *Brainstorming*, expressão da língua inglesa que quer dizer "tempestade mental" em livre tradução, é o método onde o expositor deixa espaço para a criatividade, onde cada aluno é livre para falar o que quiser, sem medo de reprovação. Medo zero!

✓ Perguntas e Respostas, tipo "Exame" pode ser considerado um método, porque permite ao aluno reorganizar a matéria dada. Pode ser aplicado ao final da apresentação ou na abertura da aula seguinte.

Como observação e alerta, deve-se evitar a "metodomania", ou seja, robotizar a apresentação com aquele método exclusivo, tornando- a enfadonha ou cansativa e até cristalizando na mente coletiva dos ouvintes e alunos que você é aquele tipo de expositor ou palestrante. Todos esses métodos apontados são meios e podem ser aplicados simultaneamente numa mesma aula ou apresentação, independentemente de critérios.

A finalidade maior é a transmissão do conhecimento, de forma clara, objetiva e cautelosa, contribuindo para que o aluno possa entender, compreender e absorver o conteúdo.

RETENÇÃO DO APRENDIZADO

O aprendizado é o efeito daquilo que pretendemos. É o objetivo a ser alcançado na transmissão do conhecimento.

Pelas pesquisas que fiz, vi que não é fácil definir o aprendizado porque existem muitas possibilidade e formas diferentes. Cada uma delas enfatiza uma faceta diferente desse processo complexo. Uma definição de aprendizado poderia fazer referência simplesmente à conduta possível de ser observada, de uma pessoa ou grupo específico, porque é uma janela ampla de possibilidades e condições que se abre. Nem todo mundo aprende e retém o conhecimento da mesma forma.

Estudar o aprendizado é estudar a memória e, portanto, também a curva do esquecimento. Lembre-se de que o aprendizado não seria possível sem a memória, porque cada execução de uma reação aprendida requer a lembrança (parcial ou total) do ensaio anterior.

Aquilo que é guardado na memória, ou seja, aquilo que se aprende, passa pelo menos por três fases. Vejamos:

- **Codificação:** Nesta primeira fase de qualquer aprendizado, o que se faz é codificar a informação, traduzi-la ao idioma do nosso sistema nervoso e lhe dar um lugar na memória.
- **Armazenamento:** É a fase que se pode chamar também de retenção, é quando a informação ou o conhecimento persiste no

tempo. Em alguns casos, esta fase pode ser bastante breve. Por exemplo, a informação na memória de curto prazo dura apenas de 15 a 20 segundos, aproximadamente. Em outros casos, o armazenamento de uma lembrança pode durar a vida toda. Esta forma de armazenamento se denomina "memória de longo prazo".

Atualmente, com o volume de informação que se recebe, a memória adota o critério da seletividade e involuntariamente armazena aquilo que é importante para o indivíduo em detrimento de outros assuntos e temas com que se toma contato. Há necessidade de uma programação interna, informando para sua mente que aquela informação é relevante e deve ser armazenada adequadamente.

• **Recuperação:** Também chamada de execução, é a fase onde o indivíduo se lembra da informação e dá a resposta, oferecendo uma evidência de ter aprendido anteriormente. Se a execução é adequada em relação aos níveis demonstrados durante a aquisição, diz-se que o esquecimento é mínimo. Contudo, se a execução diminui de forma significativa, diz-se que ocorreu o esquecimento. Além disso, em muitos casos, é simples quantificar quanto foi perdido, quanto tempo se demorou para perder uma parte real do que fora codificado anteriormente.

As teorias da recuperação afirmam que o esquecimento é a consequência de um erro na recuperação da informação durante a fase de execução. Isto é, o elemento da memória "sobrevive" ao intervalo de retenção, mas o sujeito simplesmente não pode acessá-lo. Uma boa analogia para se entender melhor esse processo, seria procurar em uma biblioteca um livro guardado fora do lugar nas estantes. O livro está na biblioteca (a informação está intacta) mas não pode ser encontrado (o sujeito não consegue recuperar a informação). Grande parte da pesquisa contemporânea da memória sustenta esse ponto de vista.

O educador e estudioso americano Edgar Dale, afirmou em 1969, como resultado de um estudo que realizou sobre a retenção do aprendizado e que convencionou chamar de "cone do aprendizado (*cone of learning*), também chamado de "pirâmide do conhecimento", que depois de duas semanas, o cérebro humano seria capaz de se lembrar somente de 10% do que leu; 20% do que ouviu; 30% do que viu; 50% do que viu e ouviu; 70% do que disse em uma conversa/debate; e 90% do que vivenciou a partir de sua prática.

Vejamos a forma ilustrativa desta pirâmide:

Ilustração baseada no estudo de Edgar Dale

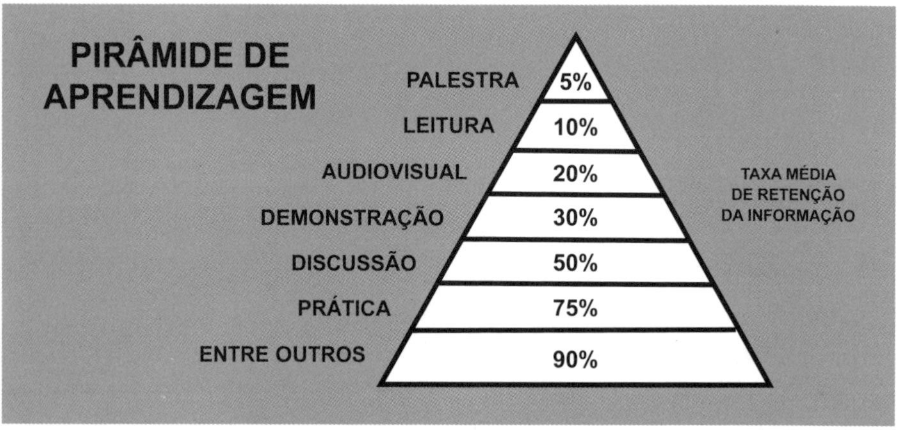

Este estudo afirma que quando algo é estudado de forma ativa, seja promovendo um debate, fazendo algo na prática ou ensinando o que foi estudado, o conteúdo é retido de maneira mais efetiva. De outro lado, no topo da pirâmide, o mesmo conteúdo poderia ser esquecido facilmente caso fosse apreendido apenas de forma passiva, por exemplo, por meio da leitura, assistindo à uma palestra ou ouvindo uma história.

Esse processo de perda de informação é normal, apesar de variar sua intensidade de acordo com características pessoais e com as circunstâncias em que a informação foi transmitida (professor não estava muito inspirado para ensinar) ou adquirida (você não estava muito disposto naquele dia).

A boa notícia, nesse processo todo, é que métodos de revisão de conteúdos podem ajudar na retenção da informação por mais tempo, sem a necessidade de assistir à aula novamente!

CURVA DO ESQUECIMENTO

Um dos desafios da psicologia moderna é compreender por que ocorre o esquecimento após o aprendizado. Existem várias abordagens que procuram dar uma resposta a estas perguntas, e uma delas seria a Teoria da Interferência, que afirma que existem duas formas de se operar o esquecimento.

Vejamos:

- **Interferência Retroativa:** o esquecimento acontece porque são adquiridos elementos de memória que competem com outros durante o intervalo de retenção. Por exemplo, a aquisição de uma nova informação pode fazer com que esqueçamos informação anterior. Acontece quando um problema tem muitos enunciados e complexos em vez de um e mais simples.
- **Interferência Proativa:** a presença de informações anteriores pode interferir na expressão de uma memória formada recentemente. Por exemplo, lembraremos melhor o número de telefone de alguém se for parecido com o nosso.

Entretanto o simples passar do tempo parece ter um efeito negativo sobre a capacidade de retenção. O estudioso alemão Hermann Ebbinghaus foi o primeiro autor na psicologia a desenvolver testes de inteligência e o primeiro a estudar de forma sistemática a perda da informação na memória com o passar do tempo, definindo o que se conhece e denominado como a Curva do Esquecimento Ebbinghaus.

Essa curva descreve o quanto de informações somos capazes de reter após adquiri-las e sugere técnicas simples de revisão das informações para fortalecer a nossa memória, o que pode ajudar na retenção do conhecimento apresentado.

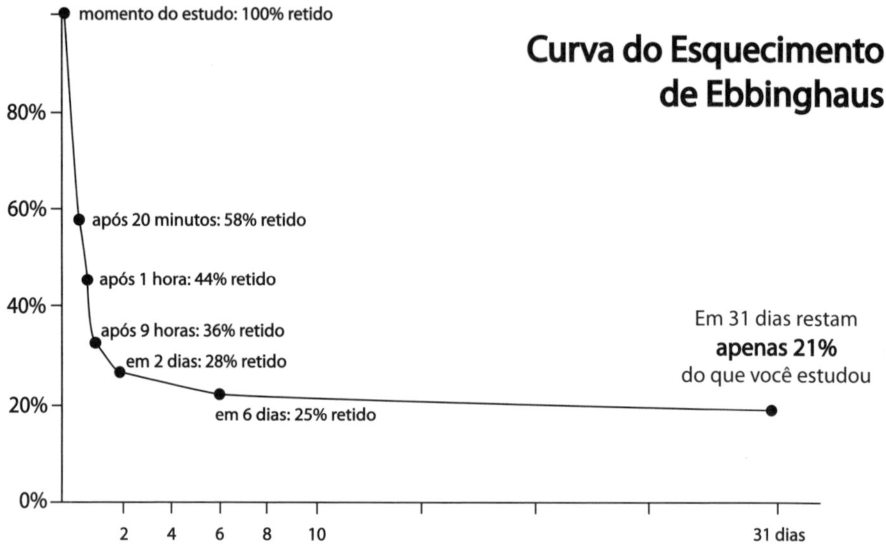

Ilustração baseada no conceito da Curva do Esquecimento de Ebbinghaus

INTELIGÊNCIAS MÚLTIPLAS

O ser humano é formado por diferentes tipos de inteligência que, em conjunto, constroem a sua trajetória individual. Muito se fala em Quociente de Inteligência (QI) quando o assunto é aprendizado. Mas você já ouviu falar em Quociente Emocional (QE) e de outras tantas?

A teoria das inteligências múltiplas foi desenvolvida pelo psicólogo americano Howard Gardner. Segundo ele, o cérebro dos homens e mulheres possui 9 tipos diferentes de inteligência. De acordo com este estudo, a maioria das pessoas possui um ou dois tipos de inteligências predominante, ou seja, mais desenvolvidas que as demais. Isso explica porque uma pessoa pode ser muito boa com cálculos matemáticos e ter dificuldade com atividades artísticas ou vice-versa.

A teoria ainda afirma que é praticamente impossível dizer que uma pessoa é "mais inteligente" que a outra, dado o conceito de predominância de, no máximo, duas inteligências em cada ser e que todo ser desenvolve essa habilidade.

Vejamos os tipos de Inteligência com base nessa Teoria:

1. Lógico-matemática: A capacidade de confrontar e avaliar objetos e abstrações, discernindo as suas relações e princípios subjacentes. Habilidade para raciocínio dedutivo e para solucionar problemas matemáticos.

É predominante em cientistas.

2. Linguística: Caracteriza-se por um domínio e gosto especial pelos idiomas e pelas palavras e por um desejo em os explorar.

É predominante em poetas, escritores e linguistas.

3. Musical: Identificável pela habilidade para compor e executar padrões musicais, executando pedaços de ouvido, em termos de ritmo e timbre, mas também os escutando e discernindo-os. Pode estar associada a outras inteligências, como a linguística, espacial ou corporal-cinestésica.

É predominante em compositores, maestros, músicos e críticos de música.

4. Espacial: Expressa-se pela capacidade de compreender o mundo visual com precisão, permitindo transformar, modificar percepções e recriar experiências visuais até mesmo sem estímulos físicos.

É predominante em arquitetos, artistas, escultores, cartógrafos, geógrafos, navegadores e jogadores de xadrez, por exemplo.

5. Corporal-cinestésica: Traduz-se na maior capacidade de controlar e orquestrar movimentos do corpo.

É predominante entre atores e aqueles que praticam a dança ou os esportes.

6. Intrapessoal: Expressa na capacidade de se conhecer, é a mais rara inteligência sob domínio do ser humano pois está ligada à capacidade de neutralização dos vícios, entendimento de crenças, limites, preocupações, estilo de vida profissional, autocontrole e domínio dos causadores de estresse.

7. Interpessoal: Expressa pela habilidade de entender as intenções, motivações e desejos dos outros.

Encontra-se mais desenvolvida em políticos, religiosos e professores.

8. Naturalista: Traduz-se na sensibilidade para compreender e organizar os objetos, fenômenos e padrões da natureza, como reconhecer e classificar plantas, animais, minerais.

É característica de biólogos e geólogos, por exemplo.

9. Existencial: Investigada no terreno ainda do "possível", carece de maiores evidências. Abrange a capacidade de refletir e ponderar sobre questões fundamentais da existência. Foi adicionada à teoria, depois de um certo período, tornando-se a nona inteligência.

Seria característica de líderes espirituais e de pensadores filosóficos.

O psicólogo americano Daniel Goleman, no seu livro *Inteligência Emocional* de 1995, traz uma nova habilidade cognitiva que é o próprio título do livro. Conceitua Inteligência Emocional como sendo "...o conjunto de aptidões básicas necessárias para lidar adequadamente com as diferentes situações da existência e com relacionamentos interpessoais...".

Existem outros estudos acerca da inteligência, trazendo outras teorias, entre elas a da Teoria da Modificabilidade Cognitiva Estrutural, desenvolvida por Euven Feurstein, professor e psicólogo judeu-israelense, nascido na Romênia em 1921, criador, além dessa Teoria, da teoria da Experiência da Aprendizagem Mediada e o Programa de Enriquecimento Instrumental. No seu estudo relativo a modificabilidade cognitiva estrutural, não ignorou os aspectos afetivos, emocionais e motivacionais do comportamento humano.

Achei interessante e relevante trazer para o conhecimento essa Teoria porque seu enunciado diz:

"inteligência tem um sentido positivo de valorização das pessoas, na medida em que, considera sempre que o comportamento humano, muda sempre para melhor, nunca regride".

Para ele não importa o que a pessoa não sabe, importa o que ela é capaz de aprender. Além disso, destaca o papel do mediador (professor, orientador, expositor, etc) como elemento humano que se interpõe no processo educacional do indivíduo.

Nessa teoria, a dimensão cognitiva e afetiva são duas faces da mesma moeda: a primeira corresponde aos elementos estruturais que explicam como uma pessoa aprende, a segunda expressa o fator energético do ato de aprender.

Durante essa pesquisa e estudo, concluí que essa explicação, referente à última inteligência estudada, sobre a Teoria da Modificabilidade Cognitiva Estrutural (nome complicado), tem muita aderência com o processo de Reforma Íntima proposto pelo Doutrina Espírita. Reconhece a evolução constante e o mérito do esforço individual, não se atrelando exclusivamente à capacidade cognitiva do indivíduo.

11
DIALÉTICA NO ESPIRITISMO

"Apenas os que dialogam podem construir pontes e vínculos."
Papa Francisco

A Dialética é uma palavra de origem grega (*dialektiké*), que significa um diálogo com foco na contraposição de ideias, no qual um indivíduo busca raciocinar, debater e persuadir o outro. É vista como a "forma de arte" do diálogo, da conversa, na qual a argumentação poderosa e bem utilizada pode ser a chave para esclarecer conceitos e ideias presentes em uma discussão.

Entre os gregos, chamava-se ainda dialética a arte de separar, distinguir as coisas em gêneros e espécies, classificar ideias para poder discuti-las melhor.

Existem várias correntes interpretativas da Dialética, citarei pelos menos quatro:

1. A de Platão é o processo que, partindo do diálogo de opiniões contrárias, iria separando a opinião (*dóxa*) do conhecimento ou ciência (*epistéme*), possibilitando à alma se elevar do mundo sensível ao mundo das ideias.

2. Para os Marxistas era a relação entre o conhecimento e a realidade.

3. Para Hegel abrange três níveis que são a tese, a antítese e a síntese. Trata-se de uma lei que se caracteriza por não ter fim, está sempre em movimento e baseia-se pelo contraditório.

4. E por fim, a **Dialética do Malandro**, que são estratagemas de convencimento, sem muito método, baseado na "lábia", na insistência dos argumentos. O indivíduo que adota esse tipo de recurso geralmente é chamado de "o malandro". São pessoas com grande capacidade de convencimento. Conduta muito similar aos sofistas da época de Sócrates, na Grécia antiga. Sofismo é um argumento aparentemente lógico, entretanto suas premissas não sustentam a realidade dos fatos.

A ARTE DO DEBATE

Com o passar do tempo evoluiu para um sentido mais preciso, designando uma discussão de algum modo institucionalizada, organizada habitualmente em presença de um público que acompanha o debate – como uma espécie de concurso entre dois interlocutores que defendem duas teses contraditórias.

A dialética eleva-se, então, ao nível de uma arte. A arte de debater ideias e colocá-las a toda prova, sem melindres e inflexões, aberta ao franco e claro confronto no campo das ideias, convencendo por meio da narrativa eloquente e inteligente ou refutando as suas afirmações e aceitando as convicções do interlocutor.

Nessa linha de raciocínio o debate deve ser sempre com base nas ideias, defendendo os seus conceitos e crenças e respeitando o direito do interlocutor de defender em igual valor e intensidade (não de voz, mas de eloquência) os conceitos e crenças do seu lado. O debate, acalorado que seja, se dá no plano das ideias, ao final do mesmo as pessoas se darão as mãos e seguirão fraternas, amigas, sem rusgas de qualquer matiz.

PROSELITISMO

O proselitismo (do latim eclesiástico *prosélytus*), significa o intento, zelo, diligência e empenho em converter uma ou várias pessoas, ou determinados grupos, a uma determinada causa, ideia ou religião, conforme consta na Wikipédia.

Entendemos no Espiritismo que cada um tem seu tempo e entendimento e poderá (ou não) ter contato com a Doutrina no momento correto e adequado ao seu processo evolutivo. Tudo dependerá de seu livre-arbítrio. Dentro de nossa Doutrina, como já sabemos, não existem cultos e nem rituais, sequer batismo de conversão para os novos seguidores!

É Espírita aquele que livremente aceitou-se como tal e segue espontaneamente os valores e princípios da fraternidade, caridade e disciplina (basicamente) e que comunga e exercita esses valores.

É Espírita, também, aquele que se identificou como um Ser em constante processo evolutivo, que possui os atributos da Fé Raciocinada que nos leva a estudar, pensar e questionar tudo e sempre.

É Espírita aquele que aplica o processo constante da Reforma Íntima, não aplacando seus defeitos, mas por meio deles, enfatizando as suas Virtudes.

Não há necessidade de ir em praça pública para difundir o Espiritismo e nem, muito menos, entrar em debates acalorados defendendo os seus Postulados e Valores, pois conforme mencionado acima, no momento adequado, aqueles que estão interessados em conhecer a Doutrina a procurarão.

Daí vem a importância deste capítulo, pois devemos nos preparar para uma dialética pura e centrada no crescimento do conhecimento e valores cristãos, e nos afastar de toda maneira e possibilidade do debate hostil que visa, única e exclusivamente, defender nossas crenças, comparando-as com as das demais religiões. É melhor o debate aberto com os agnósticos e ateus do que enfrentar o campo das batalhas dos dogmas e paradigmas religiosos.

Não ao proselitismo e sim à dialética!

12
QUALIDADES LITERÁRIAS

"Quem mal lê, mal ouve, mal fala, mal vê."
Monteiro Lobato

O hábito da leitura seletiva e dirigida deve estar presente no cotidiano de um Expositor. Não é possível a um colaborador que queira desenvolver esta Tarefa fazê-lo se não tiver um mínimo das qualidades literárias exigidas. Isso passa, sem dúvida, pelo hábito da leitura, de forma constante, disciplinada, sistemática e metódica.

Deve-se dedicar alguns instantes do dia para isso, ler em local agradável, onde não haja interferências que possam desviar a atenção. Quanto mais se lê, maior será a capacidade de absorção de conceitos, de discernimento, de debater um tema ou assunto, ou mesmo de tecer algum comentário, ao ser convidado para tal. Além disso, amplia-se o vocabulário e domínio sobre a língua.

É como um exercício físico: Deve-se ter o hábito salutar, pois do contrário torna-se estafante, pesado, como um castigo ou obrigação indesejável, e isso está completamente fora de nossas recomendações, dos requisitos mínimos que a condição de Expositor Espírita exige e totalmente distante das diretrizes espirituais.

As leituras devem focar em obras edificantes, de elevado conteúdo moral e espiritual, mas é muito importante estar em sintonia com o que acontece também no mundo, praticando a leitura do dia a dia, dos jornais, das revistas, das reportagens. Deve-se manter informado e atualizado sobre os temas relevantes da atualidade. Outro aspecto importante é tomar conhecimentos dos livros polêmicos e das opiniões contraditórias à Doutrina, dessa forma o Expositor Espírita diligente e antenado se prepara para esclarecê-las com argumentos objetivos, estruturados e claros, fugindo do proselitismo e da discussão inútil.

Ah, não poderia esquecer de citar como leitura recomendada, a de poemas e poesias! Alegram e harmonizam o nosso dia a dia!

A leitura é primordial para ampliar nossa bagagem intelectual, abrir nossas cabeças para o mundo real, exercitar a capacidade de discernimento, raciocínio e, tendo como efeito, enriquecimento do nosso conhecimento, entendimento e capacidades.

O Expositor Espírita deve estar diligente e atento para que os conceitos e ideias que expõe sejam verdadeiros e que também recebam os créditos devidos. Manter-se perfeitamente alinhado com os postulados do Espiritismo e com os ensinamentos do Evangelho, o que chamamos de ortodoxia doutrinária. Lembre-se da prática correta da Hermenêutica, Exegese e evite de toda maneira a Eisegese! Os conceitos, pensamentos e teorias de cunho pessoal devem ser, na medida do possível, evitados ou, se expostos, devem vir acompanhados da devida ressalva.

É nesse momento que se deve lembrar das armadilhas da vaidade e evitar sobretudo, a tendência ao personalismo.

OBRAS BÁSICAS

O Pentateuco Kardequiano ou Espírita é composto pelo *O Livro dos Espíritos (LE)* lançado em 1857, *O Livro dos Médiuns (LM)* lançado em 1861, O *Evangelho segundo o Espiritismo (ESE)* lançado em 1864, *O Céu e o Inferno* lançado em 1865 e *a Gênese* lançada em 1868. Essa coletânea foi plenamente orientada pelo Espírito da Verdade, nosso Consolador Prometido, cabendo ao eminente professor Hippolyte Léon Denizard Rivail, materializar todo o compêndio.

Além das Obras Básicas, há outras importantes contribuições que Allan Kardec trouxe ao longo de sua jornada como *Codificador da Boa Nova* e que foram – essas sim – de sua autoria.

Vejamos:

***Revue Spirite*:** Começou a ser editada em 1858, logo após o lançamento de *O Livro dos Espíritos* e ficou até o desencarne de Kardec, no ano de 1869. Produziu 12 volumes de conteúdo que entre tantos ensinamentos, narra a difícil missão que Allan Kardec teve na disseminação da nova Filosofia ou Ciência, como ele mesmo costumava chamar. Para se ter ideia, na página de rosto do volume único da *Revenue* de 1858, encontramos o subtítulo – *D'ÉTUDES PSYCHOLOGIQUES* – ocupando maior espaço na página, abaixo da indicação *REVUE SPIRITE* e *JOURNAL* que ocupa espaço reduzido. Foram pouco mais de 11 anos de trabalhos intensos, árduos e dedicados à edição e financiamento da Revista, onde Kardec publicou o maior número de mensagens e esclarecimentos sobre a Doutrina, trazendo a percepção e fundamentação de quem ficou responsável por reunir, checar, compilar e organizar todo material que o Espírito da Verdade encaminhava, por intermédio de diversos grupos mediúnicos. Além das mensagens e esclarecimentos, utilizou a revista como meio de publicar as perguntas e dúvidas dos leitores que eram identificados apenas com o primeiro nome, ou mesmo em alguns casos, somente com a primeira letra do primeiro nome, evitando exposição numa época de profunda perseguição religiosa.

***O que é Espiritismo*:** Livro lançado em 1859 em Paris, logo após o lançamento do *O Livro dos Espíritos*. Escrito por Kardec, tem o objetivo de resumir os Princípios básicos da Doutrina e esclarecer e, de certa forma, responder às primeiras críticas e objeções surgidas, após o lançamento de *O Livro dos Espíritos*. Composto de 3 capítulos, sendo o primeiro seguindo a metodologia aplicada ao *O Livro dos Espíritos* de perguntas e respostas, neste capítulo Kardec desenvolve um diálogo onde esclarece de forma transparente, direta e sem divagações todos os questionamentos e dúvidas das mais rudes e ríspidas possíveis, num exemplo da serenidade e equilíbrio da sua personalidade. Busca por meio da dialética, com perspicácia, inteligência com argumentos sólidos e objetivos argumentar e fundamentar os novos Princípios e Conceitos que a Doutrina trazia. Em seguida, no segundo e terceiro capítulos, apresenta as noções fundamentais e elementares e a solução de alguns dos problemas por meio da perspectiva do Espiritismo, respectivamente. Trata-se de esclarecimentos e, de certa forma, um resumo extremamente útil para os iniciantes que poderão compreender e entender as noções mais essenciais da Doutrina, mas também e, sobretudo, para todos nós adeptos, pois nos fornece elementos e meios para responder eventuais dúvidas (nossas, inclusive) e críticas.

***Obras Póstumas*:** Livro lançado em 1890, após o desencarne de Allan Kardec, pelos dirigentes da *Sociedade Parisiense de Estudos Espíritas*, por isso é chamada de *Obras Póstumas*. Trata-se de uma compilação de escritos do Codificador da Doutrina Espírita, acerca de pontos doutrinários e fundamentais do Espiritismo, divide-se em duas partes. A primeira aborda assuntos como: Caráter e Consequências Religiosas das Manifestações dos Espíritos; as Cinco Alternativas da Humanidade; Questões e Problemas; as Expiações Coletivas; Liberdade, Igualdade, Fraternidade; Música Espírita; a Morte Espiritual; a Vida Futura. A segunda parte inclui apontamentos em torno da iniciação espírita e o roteiro missionário de Kardec, assim como uma "exposição de motivos", apresentada na "Constituição do Espiritismo", como precioso legado do mestre lionês às sociedades espíritas do futuro.

Kardec, dessa forma, lega-nos primorosa contribuição e exemplos: primeiramente com o estudo e entendimento da fenomenologia espírita – não acreditando apenas por acreditar (tempos das mesas girantes, etc.), culminando em aceitar o convite e a missão (sim, porque ele poderia ter recusado) imposta pelo Espírito da Verdade, tornando-se o Codificador da Doutrina Espírita e em seguida, tornando-se o seu maior divulgador e defensor, por meio da *Revista Espírita* e demais livros editados.

O Pentateuco Espírita, adicionado do conteúdo contido nesta Obras de Allan Kardec (*Revista Espírita, O que é Espiritismo* e *Obras Póstumas*), encerram 14 anos de devotado trabalho desse Colaborador (sim, com C maiúsculo) disciplinado, metódico, dedicado entre tantas outras virtudes impossíveis de serem enumeradas, e que foi, nada mais, nada menos, o responsável por trazer essa grande Obra para a Humanidade, representando o cumprimento da promessa do nosso Mestre Jesus, qual seja, do envio do Paracleto – o Consolador.

Fica o nosso humilde e pequeno reconhecimento para o Mestre Lionês, que soube compreender a Missão, interpretando fielmente o que o Espírito da Verdade quis trazer e com isso legando um profundo tratado que vai além dos aspectos científicos, filosóficos e religiosos contidos na Doutrina. Aproxima-nos da Divindade que está presente em toda o conjunto da Obra. Definitivamente não é uma obra humana!

OBRAS CLÁSSICAS E COMPLEMENTARES

A literatura espírita não se encerra nas Obras Básicas, enriqueceu-se muito após o seu lançamento e hoje, tem-se inúmeros livros, artigos e estudos tratando sobre tudo, trazendo revelações, conceitos e argumentos estruturados e bastante convincentes.

Antes de me aprofundar neste tema, cumpre-me novamente alertar em relação à importância da rigorosa atenção ao que o CUEE – Controle Universal dos Ensinos do Espiritismo – nos ensina e alerta, em relação a sermos diligentes e seletivos naquilo que iremos ler e trazer para as apresentações, aulas e palestras, sob pena de se dar credibilidade e publicidade a teorias e conceitos que não estão aderentes aos princípios universais contidos nas Obras Básicas.

Claro, haverá conceitos e ensinamentos que não constam nas Obras Básicas, pois as mesmas não se fecharam neste mister. Sabemos que a Doutrina é evolucionista e nem tudo foi plenamente Revelado no tempo em que o Codificador trouxe a Terceira Revelação. Por isso, a importância das Obras Clássicas e Complementares que trazem ensinamentos, revelações e novos conceitos que elucidam, esclarecem e auxiliam em nossa trajetória terrena.

Mais importante se faz, portanto, o critério na interpretação do tema em estudo, avaliando a extensão do mesmo, sua aderência ou não aos princípios e postulados espíritas. Quem assina e da forma como se identifica, onde e de que forma foi recebido (lembre-se dos critérios da universalidade, espontaneidade e simultaneidade das revelações superiores), entre outros aspectos relevantes nesta análise que cabe e é de total responsabilidade do Expositor Espírita. E por fim, deve-se seguir a orientação direta do Codificador que diz: "...a aplicação da razão e da lógica fossem critérios para aceitar ou rejeitar uma verdade transmitida por manifestações de Espíritos" (*Revista Espírita* de maio de 1866, pág. 138).

A todo esse conjunto de ensinamentos pós Obras Básicas, podemos convencionar chamar de:

- **Obras Clássicas:** são de autores que de certa forma participaram do processo da saída do empirismo e sua total teatralização da Doutrina por meio dos efeitos físicos, tais como o das mesas girantes entre outros para a chegada da estrutura teórica e sistematizada que são as Obras Básicas, criando a espinha dorsal dos ensinamentos do Espiritismo. São os contemporâneos de Kardec, se assim podemos dizer, e que legaram ensinamentos clarificadores ao extremo.

- **Obras Complementares:** são a segunda leva de autores e que, por meio do estudo e de assimilação dos ensinamentos, tornaram-se divulgadores da Boa Nova!

Há um séquito de autores iluminados pela mediunidade da psicografia que nos trouxeram, trazem e trarão revelações importantes, lançando luz nesse nosso caminhar encarnado. Tudo a seu devido tempo e de acordo com nossa capacidade interpretativa.

Em relação às Obras Clássicas não temos dúvidas dos reais colaboradores de Kardec e da Doutrina como um todo, irei destacá-los, trazendo uma breve biografia de cada um.

Vejamos:

Léon Denis: Nasceu na França em 1846 e desencarnou praticamente cego em 1927, aos 81 anos de idade. Para se comunicar e divulgar suas obras, aprendeu a linguagem Braille. Seguidor e contemporâneo de Kardec, muito o auxiliou na difusão dos conceitos da Doutrina.

É considerado "Apóstolo do Espiritismo". Foi nomeado sócio distinto e presidente honorário em 1901 da FEB – Federação Espírita Brasileira.

Suas obras têm cunho eminentemente filosófico, que foram:

- *Cristianismo e Espiritismo*
- *Depois da Morte*
- *Espíritos e Médiuns*
- *Joana D'Arc, Médium*
- *No Invisível*
- *O Além e a Sobrevivência do Ser*
- *O Espiritismo e o Clero Católico*
- *O Espiritismo na Arte*

- *O Gênio Céltico e o Mundo Invisível*
- *O Grande Enigma*
- *O Mundo Invisível e a Guerra*
- *O Porquê da Vida*
- *O Problema do Ser, do Destino e da Dor*
- *O Progresso*
- *Provas Experimentais da Sobrevivência*
- *Socialismo e Espiritismo*

Gabriel Délanne: Nasceu na França em 1857 e desencarnou em 1927, aos 69 anos de idade. O seu pai, Alexandre Delanne, era espírita e amigo íntimo de Allan Kardec e a sua mãe, médium que, inclusive, colaborou na Codificação. Era engenheiro de formação e respeitado intelectual da região e época. Em 1882 fundou a União Espírita Francesa e o jornal *Le Spiritisme*, no mesmo ano. Ao lado de Léon Denis, foi um importante divulgador das ideias espíritas, da mesma forma auxiliando Kardec nesta missão. Fez conferências por toda a Europa, inclusive na abertura do "I Congresso Espírita e Espiritualista", que ocorreu em 1890. Em 1896 fundou a Revista *Científica e Moral de Espiritismo,* que por muitos anos levou a público artigos científicos e filosóficos sobre a temática espírita.

Seus livros têm foco mais científico, estudando as questões da evolução do Espírito:

- *O Espiritismo perante a Ciência*
- *O Fenômeno Espírita*
- *A Evolução Anímica*
- *A Alma é Imortal*
- *Pesquisas sobre Mediunidade*
- *A Reencarnação.*

Camille Flammarion: Nasceu na França em 1842 e desencarnou em 1925, com 83 anos. Seguidor e contemporâneo de Kardec, amante da astronomia, tendo inclusive alguns corpos celestes nominados em sua homenagem. Nominou Kardec como "O bom senso encarnado". Afirmou também que "...o Espiritismo era uma ciência que só sabíamos o a,b,c..."

Escreveu muitos livros sobre Astronomia (*Astronomia Sideral, As Estrelas e as Curiosidades, As Imperfeições do Calendário, Centralização* e *Discussão de Todas as Observações Feitas sobre Marte,* entre outros) e como Léon Denis, os seus livros sobre o Espiritismo têm cunho filosófico, e foram:

- *A Pluralidade dos Mundos Habitados*
- *Os Mundos Imaginários e os Mundos Reais*
- *Os Mundos Celestes*
- *Deus na Natureza*
- *Contemplações Científicas*
- *Narrações do Infinito*
- *História do Céu*
- *No Infinito*
- *Urânia*
- *Como Acabará o Mundo*
- *O Fim do Mundo*
- *O Desconhecido e os Fenômenos Psíquicos*
- *A Morte e o Seu Mistério*

Ernesto Bozzano: Nasceu na Itália em 1862 e desencarnou em 1943, com 81 anos. Foi professor de Filosofia na Universidade de Turim e estudou profundamente a fenomenologia espírita, mesmo que isoladamente na Itália, transformando-se em respeitado conhecedor da paranormalidade, telepatia, psicocinese, metapsiquismo e metafisica. Publicou 52 livros sobre esses temas e entre esta extensa obra, destacamos:

- *Hipótese espírita e teoria científica*
- *Dos casos de identificação espírita*
- *Metapsíquica Humana*
- *A Crise da Morte*
- *Investigação sobre as manifestações supranormais*
- *Xenoglossia*
- *Desdobramento – Fenômenos de Bilocação*

- *Dos fenômenos de possessão*
- *Animismo ou espiritismo?*
- *Povos primitivos e manifestações paranormais*
- *Dos fenômenos de telestesia*
- *Música transcendental*
- *Enigmas da Psicometria*

Editado e lançado após o seu desencarne:

- *De mente a mente*
- *Os mortos voltam*
- *Literatura de além-túmulo*
- *As visões dos moribundos*
- *Luzes no futuro*
- *Guerra e profecias*
- *A psique domina a matéria*
- *Os animais têm alma?*
- *Pensamento e vontade*
- *Os fenômenos de transfiguração*

AUTORES BRASILEIROS

O Brasil assume papel importante na produção de conteúdo e consequentemente difusão do Espiritismo com obras de relevante contribuição, quer sejam psicografadas ou não. É a essência do que convencionamos chamar de Obras Complementares. Conceitos, Revelações e Novas Explicações – todos complementares e aderentes aos Postulados da Doutrina e das Obras Clássicas – foram produzidos em terras Brasileiras. No livro "*Brasil, Coração do Mundo e Pátria do Evangelho*", de autoria do Espírito de Humberto Campos e psicografia de Chico Xavier, Emmanuel faz um profundo e poético prefácio, referindo-se à afirmação profética do eminente cientista Alexander von Humboldt, que esteve na Amazônia por volta de 1800. Entre outras observações e considerações diz:

(...)

"O Brasil não está somente destinado a suprir as necessidades materiais dos povos mais pobres do planeta, mas também a facultar ao mundo inteiro uma expressão consoladora de crença e de fé raciocinada, e a ser o maior celeiro de claridades espirituais do orbe inteiro."

"Se a Grécia e a Roma da antiguidade tiveram a sua hora, como elementos primordiais das origens de toda a civilização do Ocidente; se o império português e o espanhol se alastraram por quase todo o planeta; se a França, se a Inglaterra têm tido a sua hora proeminente nos tempos que assinalam as etapas evolutivas do mundo, o Brasil terá também o seu grande momento no relógio que marca os dias da evolução da Humanidade."

Essa nova etapa de divulgação da Doutrina Espírita não se deu exclusivamente por trazer novos Princípios e Conceitos, focando os pilares científicos e filosóficos. Reconheço que a metodologia aplicada pela Planificação Espiritual tem muita aderência com as Parábolas de Jesus, onde o Mestre contava uma estória que trazia nos entendimentos extraídos de diversas formas e pessoas (até hoje, decorridos mais de dois mil anos, as reflexões das Parábolas são importantíssimas para orientar nosso caminhar) os ensinamentos morais e éticos que Ele estabelecia. Assim, resguardadas as devidas proporções e diferenças, acontece com os Romances Espíritas. Por meio de um conto, descortina os mistérios da vida na Pátria Espiritual, sempre com um fundo moral e ético.

Tenho uma seleção de líderes que trouxeram a Luz do Entendimento para a Doutrina e que sabemos, devido a sua disposição, dedicação e capacidade mediúnica, foram Agentes, Instrumentos e Ferramentas da Espiritualidade na Difusão dos Ensinamentos Complementares da Doutrina Espírita. Missão importantíssima e de extrema relevância para a popularização da Doutrina.

Esses arautos do Espiritismo não estão relacionados seguindo nenhuma ordem classificatória. Seguem uma ordem aleatória que eu particularmente defini e que tem muito a ver com o momento da pesquisa.

Vejamos:

- Adolfo Bezerra de Menezes Cavalcanti
- Anália Franco
- Antônio Gonçalves da Silva, mais conhecido como Batuíra
- Cairbar Schutel
- Carlos Imbassahy
- Edgard Pereira Armond
- Eurípedes Barsanulfo
- Francisco Cândido Xavier
- Hermínio Corrêa de Miranda
- Humberto de Campos
- Jésus Gonçalves
- Jorge Rizzini
- José Herculano Pires
- Luís Olímpio Teles de Menezes
- Manoel Philomeno de Miranda
- Richard Simonetti
- Waldo Vieira
- Yvonne do Amaral Pereira
- Abrindo uma exceção ao único encarnado da lista para Divaldo Pereira Franco.

Evidentemente a difusão do espiritismo no Brasil não se restringe aos 19 nomes que ora eu listo. Há uma listagem muito maior.

Na verdade, por meio destes nomes, quero homenagear a todos os demais divulgadores e reveladores da Boa Nova que, mesmo de forma anônima, trazem uma contribuição relevante e importante para o Movimento Espírita. É uma singela homenagem a esses desbravadores que, mesmo diante dos desafios e das adversidades do dia a dia, não se limitaram aos afazeres profissionais, sociais e familiares que todos temos (e sabemos, melhor do que ninguém, não é verdade?) e também não se curvaram às dificuldades do caminho. Foram além e, voluntariamente dedicaram seu nobre e precioso tempo, sua capacidade em traduzir o conhecimento adquirido numa forma clara e capaz de ser entendida por todos, aliado ao empenho e dedicação em abraçar essa Missão de se fazer Luz para que tantos seres pudessem encontrar, em suas obras, as respostas mais contundentes, esclarecedoras e necessárias para guiar seus passos.

Muitos indivíduos transformaram suas vidas (me incluo nesta lista!), por meio das Obras que esses devotados Colaboradores da Seara do Mestre Jesus nos legaram.

É uma multidão anônima de Divulgadores da Doutrina Espírita que adicionam uma contribuição importantíssima e valiosíssima para a difusão e propagação dos Postulados da Terceira Revelação, na atualidade. Tal qual o corajoso discípulo Ananias*, enfrentam adversidades, dificuldades e temores em benefício de uma coletividade que busca por esclarecimentos, respostas e reconforto.

NOTA:

*Ananias foi o discípulo que aceitou a Missão de ir até Saulo de Tarso, ainda considerado o perseguidor dos cristãos, para curar a sua cegueira. Antes e após a conversão de Paulo, não se ouviu mais falar desse corajoso discípulo.

13

PLANEJAMENTO X IMPROVISO

"Boa sorte é o que acontece quando a oportunidade encontra o planejamento."
Thomas Edison

Em outro livro que escrevi e lancei em outubro de 2017 – *Gerenciamento de Facilities e Properties*, no capítulo 5 – "Gerenciamento"; ressalto a importância do planejamento num item à parte – "Planejamento - Construindo o Futuro!", localizado na página 75 da edição de lançamento, entre outras explicações, classifico planejamento como:

"... processo contínuo e dinâmico, consistindo em um conjunto de ações intencionais, integradas, coordenadas e orientadas para tornar realidade um objetivo futuro."

Agora já neste livro no capítulo 5 – Qualidades da Oratória da Parte 1 – Técnica, abordamos a importância do planejamento no item "Preparar-se com Antecedência":

"Não deixe para a última hora! Parece óbvio ressaltar essa prática, mas muitos palestrantes não conseguem tempo hábil para revisar as apresentações, slides e nem mesmo a aula." (...)

O Dicionário Aurélio define planejamento como:

"Atividade de preparação para qualquer empreendimento, segundo roteiro e métodos determinados. Corresponde, também, à elaboração, por etapas, com bases técnicas (especificamente no campo socioeconômico), de planos e programas com objetivos definidos."

É importante a conscientização da prática constante do planejamento de uma apresentação ou aula. Não pode existir o acaso.

Com o passar dos anos e com a experiência adquirida, tem-se a tendência de "relaxar" na preparação, confiando nas suas habilidades e conteúdo doutrinário. Mas isso não deve ser uma constante e de longe uma prática adotada por nenhum dos Expositores Espíritas.

É plenamente possível a ocorrência de problemas que impedirão de preparar uma apresentação adequada e conveniente, mas estes casos devem ser realmente uma exceção à regra.

E SE FALTAR O PALESTRANTE?

Haverá momentos que seremos "convocados" (sem a possibilidade de dizer não) para uma aula, preleção e apresentação sem o devido tempo adequado para sem sequer – em alguns casos, nos prepararmos para o mesmo – é para agora!

Deve-se ponderar se está realmente preparado, para assumir essa "convocação", porque é muito melhor – como sempre digo, um "não do que um carão!" O que é carão nessa minha concepção? Vejamos:

- Quiqui, quiqui, quiqui na frente da plateia.
- Enfatizar vícios de linguagem, que tanto se luta para inibir, devido à falta de preparo do tema.
- Ocorrências de brancos mentais (não lembrar a sequência das Obras Básicas, por exemplo). Já errei o Pai Nosso.
- Dificuldade em desenvolver o tema com sequenciamento lógico. Ficar dando voltas com as mesmas explicações.
- Nervosismo aparente com tremores, sudorese, gaguejamento, cacoetes.
- Falta de concentração.
- Entre outros.

Quando esses convites inusitados aparecerem, é importante avaliar o tema proposto e ver se tem alguma familiaridade com o mesmo. Caso positivo, busque a serenidade adequada e a ligação com os Mentores da Tarefa, colocando-se como a humilde ferramenta (senão a única!) e assim estará sensível à orientação desses Tarefeiros Espirituais. Recomendo também criar uma ordem de assuntos, em tópicos, dando sequência lógica aos mesmos, para que numa eventualidade em que falte a clareza necessária, possa consultar esse breve planejamento e voltar para o centro do objetivo.

Pode-se optar também, se o tempo for longo, por contar uma estória.

Entretanto, se não tiver nenhuma familiaridade com o tema e o tempo for exíguo para uma mínima e adequada pesquisa e preparação, não assuma esse risco sozinho e não receie em compartilhar e explicar sua momentânea incapacidade, evitando com isso, que ao tentarem consertar um erro (a falta do palestrante ou orador) estejam aumentando-o em proporções incalculáveis, pois como já sabemos, "a palavra, uma vez lançada, não poderá ser recuperada e deixará as suas marcas".

O IMPROVISO

O improviso, que é justamente o contrário do planejamento, ou seja, a falta de estudo e/ou preparação do tema, não só em relação ao conteúdo, mas com tudo que o envolve, como já vimos na Parte 1 – Técnica. Traz consequências danosas, não só para o Expositor, como já vimos, mas também para o conteúdo apresentado, podendo gerar, inclusive e na mais danosa consequência, enganos nas afirmativas doutrinárias. Outra consequência potencial é que, sem domínio e lastro, o conteúdo torna-se pobre, repetitivo e rotineiro, gerando no público ouvinte imagens mentais negativas.

A falta de planejamento, em profunda análise, representa um desrespeito ao público, pois deixa-se de oferecer o que a Doutrina tem de melhor para ofertar apenas uma pequena parcela que está viva no consciente/mente do Expositor imprudente, ou o que é pior, que faz parte de sua estreita visão, crença e valores naquele momento.

Improvisar não atinge plenamente os objetivos de assimilação da essência do conteúdo pelos nossos ouvintes. Quando um Expositor não se prepara, a tendência é a de ser prolixo. O pensamento não se coordena com a voz e começam a entrar em conflito. É muito difícil ser objetivo sem a devida e correta preparação.

O improviso deve ser sistematicamente evitado. Ainda que o Expositor tenha facilidade de captar as sugestões dos Espíritos Benfeitores, ele deve planejar a sua exposição.

Como já dito, enfatizo que é um ato de total e completa falta de respeito para com aqueles que estão nos ouvindo e que foram ali com o objetivo de aprender uma lição, em busca de esclarecimento e conforto.

Senão por nós, devemos eliminar o improviso do nosso dia a dia pelo amor ao próximo, praticando desde o planejamento adequado da apresentação a caridade de que tanto somos porta-vozes!

AUXÍLIO ESPIRITUAL

"Ajuda-te a ti mesmo, que o céu te ajudará."
O Evangelho segundo o Espiritismo - Cap. XXV

O esmero e a dedicação no planejamento de uma apresentação, de imediato nos aproxima da sustentação da espiritualidade, não importando o tempo antes da apresentação do mesmo.

Planejar, também, faz parte da busca intensa pela Reforma Íntima e o adequado comportamento moral e ético que a Doutrina orienta. A prática do ensinamento contido no estudo dessa ou daquela apresentação, começa a se refletir dentro do Ser e o compelindo à pratica e exercício do mesmo. Com a absorção e vivência plena deste ensinamento, fruto do estudo e da pesquisa, a aproximação dos Mentores da Tarefa (objeto da apresentação), se faz naturalmente e por semelhança de conduta e objetivos, se é envolvido nessa aura energética, que beneficia sobremaneira, sem capacidade de mensuração de nossa parte. Essa é a primeira das benesses de que somos alvo ao desenvolver essa Tarefa, usando-se do recurso responsável do planejamento.

Mas não para por aí, ainda tem a apresentação efetiva e propriamente dita, que será rica em exemplos e vivências, com os conceitos e ensinamentos sendo compartilhados de forma 100% envolvida pelo Sentimento, que transcorrerá naturalmente de nossas expressões corporais, gestos e olhares. Tudo isso atendendo plenamente o objetivo da Parte 3, deste livro, que será apresentado a seguir.

PARTE III
SENTIMENTO

14
SENTIMENTO: O FOCO!

"Lembrar é fácil para quem tem memória, esquecer é difícil para quem tem coração."

William Shakespeare

Não se deseja apresentações cheias de técnica, profunda e rica em conteúdo, bom e complexo material de apoio, etc., etc. e tal! Apesar, claro, de se enaltecer todo o esforço, empenho e dedicação do Expositor na preparação da aula ou apresentação dessa natureza.

O grande problema é que, junto com todo este esmero, vem incluso no pacote, na maioria das vezes e sem opção, a nefasta vaidade e o personalismo, bem como o pior de todos, o destruidor orgulho, entre outros defeitos que habitam dentro do Ser, orbitando-o, ávidos para ganharem espaços em sua personalidade.

O foco é a aula e não o expositor, mas geralmente neste caso, a aula e seus objetivos passam para segundo plano e o foco passa a ser a brilhante apresentação e seus infinitos recursos multimídias, passando pela performance do Expositor.

Trata-se de uma armadilha fácil de cair e perder-se, sobretudo pelos elogios angariados no caminho desta Missão honrosa e edificante.

Infelizmente os elogios atrapalham mais do que ajudam. Vedam os olhos e tapam os ouvidos, deixando somente em aberto a boca (numa referência aos três macaquinhos: cego, surdo e mudo), que começará a falar mais do que deve, achando-se "o dono do pedaço".

Deve-se receber os elogios com cautela e humildade e valorizar as "críticas" ou "conselhos", ao invés de negligenciá-la(o)s, pois trazem uma carga energética de ajuda no processo de melhoria contínua, tão necessária nesta Tarefa Redentora, como em todas as demais.

Já foi explicado anteriormente sobre a divisão deste livro em 3 Partes, visando justamente enfatizar o pilar do Sentimento, que está vinculado ao pilar da Religião. Essa Parte, tal qual a Religião, está atrelada à questão mística que envolve cada Tarefa dentro da Doutrina, pois sabe-se da direta intervenção dos nossos Orientadores Espirituais.

Esses Orientadores Espirituais lançam mão de ferramentas ou instrumentos (os médiuns) para materializarem neste Orbe suas Obras e Trabalhos, tal qual a qualquer operário diligente (pedreiro, cozinheira, costureira entre tantos outros profissionais), escolhem (esses Tarefeiros) as ferramentas mais adequadas para aquela Tarefa e selecionam as melhores, para que o objetivo possa ser alcançado com qualidade e assertividade, sem intercorrências de percurso, devido a qualquer inoperância da ferramenta.

DESPERTAR DO SER

As aulas e apresentações não podem ser recheadas de teorias e conceitos. Longe disso, tem-se que trazer a experiência de vida que amealhou e compartilhá-las entre os participantes. Chega de Teoria. Hoje o Google resolve esse problema!

A missão do Expositor Espírita será estimular o aluno/ouvinte a uma reflexão que o leve voluntária ou mesmo que involuntariamente à busca pelo seu Eu Interior.

E esse objetivo não se alcança tão somente com a técnica e conteúdo, há de se agregar outro elemento que adicione valor e propicie o atingimento dessa meta. Por isso a relevância do Sentimento. A Vivência, a Experiência e o Sentimento que o expositor colocar na apresentação e compartilhar com cada olhar, gesto e emoção farão a diferença nessa perspectiva.

É cômodo para o palestrante ou expositor trazer uma quantidade excessiva de informação e, do outro lado, esse tipo de conduta acaba por acomodar o aluno que só ouve e não participa, não interage e não se envolve com o tema e proposta da aula. Não há trocas de experiências e vivências.

O que se busca é a participação de todos dentro da sala de aula. Lembre-se daquilo que já foi dito anteriormente: "Aula ou apresentação interessante é aquela que abre oportunidade para o aluno expor suas experiências e seus sentimentos, de modo espontâneo e natural, e não aquela repleta de informação e recursos técnicos".

Não queremos ouvintes, e sim participantes ativos, deixando os seus testemunhos, externalizando os seus sentimentos. Dessa forma haverá uma troca e sairemos mais enriquecidos do encontro.

VIVÊNCIA

Ao adicionar o Sentimento, resultado da experiência vivida, sentida ou mesmo percebida, o Expositor estará provocando nos ouvintes uma reação diferente daquela que se vê em apresentações bonitas e cheias de conteúdo. O seu olhar será diferente, a expressão corporal será envolvente e haverá um sincronismo que reforçará a mensagem verbalizada junto aos alunos e ouvintes. O objetivo é provocar no aluno/ouvinte uma reação de desconforto que o motive a ir além. Mais do que somente refletir sobre o tema apresentado, queremos uma atitude que materialize a reflexão, que ele seja efetivamente tocado e saia da aula ou apresentação com um compromisso interior de deixar o estágio atual (não importa qual seja, há sempre espaços para progressos) e buscar melhoria. Como? Quando? Não se sabe e não se pode adentrar neste plano, pois é individual. O importante é que o objetivo da palavra tenha sido alcançado. "Água mole em pedra dura, tanto bate até que fura!"

MELINDRE E VAIDADE

Melindre, pelo dicionário, significa: "Delicadeza no trato./Pudor, recato, decência./Facilidade em se ofender; suscetibilidade. Define o estado de espírito em que entra uma pessoa por possuir a suscetibilidade de se ofender, aquela cujo despeito ou mágoa a faz sentir-se ofendida pelo que outra pessoa lhe disse". Muitos de nós, uma hora ou outra, numa circunstância ou outra, no decorrer de nossa vida já nos melindramos, mas nem todos admitem que são melindráveis. Mas, como saber se somos assim?

Vejamos algumas situações:

• Quando consideramos que o verdadeiro amigo é aquele que só diz o que se quer ouvir e quando diz a verdade, fica ofendido, magoado, assustado, etc.;

• Quando achamos que apoio é somente concordância com aquilo que se pensa;

• Quando imaginamos que qualquer controvérsia, ou seja, opinião contrária à nossa, é ofensiva;

• Quando pensamos que a Tarefa no Centro Espírita não pode acontecer sem a minha presença ou participação;

• Quando acho que eu sou o dirigente ou coordenador de qualquer Tarefa e não posso ser escolhido para outra "posição menor".

• Quando qualquer coisa que se diga, soa como crítica ou como um dedo apontado em nossa direção.

Enfim, quando qualquer umas dessas situações, entre tantas outras, tanto no plano pessoal, sentimental ou profissional, nos afetar, estamos sofrendo de "melindre".

O melindre, juntamente com a vaidade, é faceta do orgulho, e como podemos dizer sem medo de exagerar, que a maioria de nós ainda é orgulhoso, não é difícil nos envolver nessas duas teias também.

No livro *Sinal Verde* psicografia de Chico Xavier, André Luiz ensina sobre o melindre.

Vejamos:

"Não permita que suscetibilidades lhe conturbem o coração.

Dê aos outros a liberdade de pensar tanto quanto você é livre para pensar como deseja.

Cada pessoa vê os problemas da vida em ângulo diferente.

Muita vez, uma opinião diversa da sua pode ser de grande auxílio em sua experiência ou negócio, se você se dispuser a estudá-la.

Melindres arrasam as melhores plantações de amizade.

Quem reclama, agrava as dificuldades.

Não cultive ressentimentos.

Melindrar-se é um modo de perder as melhores situações.

Não se aborreça, coopere.
Quem vive de se ferir acaba na condição de espinheiro."

Nessa estrada de Expositor Espírita, em muitas vezes, será elogiado pelo Trabalho apresentado – o que deve servir como incentivo e apoio para seguir adiante em caminhada, tão somente. A vaidade (que pode se fortalecer neste momento) deve ser trabalhada para que não tome lugar privilegiado em nossa conduta. Havemos de nos esforçar, com toda a energia, para não subir nos altares que a vaidade colocará em nossa frente, como púlpitos lindos e convidativos, mas que na verdade são armadilhas para nos tirar do foco e do objetivo central, que é o de sermos Divulgadores da Doutrina Espírita. Nesta estrada nos assemelharemos aos Apóstolos na Missão de levar a Boa Nova aos mais distantes e difíceis locais, resguardando-se as devidas proporções e diferenças. Lembremo-nos também, com base nos ensinamentos dos Apóstolos de Jesus, que devemos seguir as orientações da Moral-cristã, mas não só falando e palestrando, mas sobretudo vivenciando-os, como Eles fizeram, entre nós.

Entretanto, haverá momentos onde a crítica se fará presente e é nesse exato instante, que deve-se entender que o melindre não pode estar dentro do Expositor Espírita comprometido com a Causa. É momento de se absorver a observação, entendê-la como construtiva e de auxílio para uma melhoria contínua de nossa caminhada.

Sejamos vigilantes e prudentes e tenhamos o exercício da Reforma Íntima bem presente em nosso dia a dia.

FÉ RACIOCINADA

Apesar de enfatizar a relevância do Sentimento, da questão mística e da importância de se compartilhar a vivência em nossas aulas e apresentações, não se pode deixar de lembrar que somos regidos pela orientação do Codificador, quando ele ensina sobre a Fé Raciocinada. Vejamos o que escreveu sobre essa prática na *Revista Espírita* de 1868. 1ª ed. Rio de Janeiro: FEB, 2005. p. 28, janeiro de 1868:

"Hoje creem e sua fé é inabalável, porque assentada na evidência e na demonstração, e porque satisfaz à razão. (...) Tal é a fé dos espíritas, e a prova de sua força é que se esforçam por se tornarem melhores, domarem suas inclinações más e porem em prática as máximas do Cristo, olhando todos os homens como irmãos, sem acepção de raças, de castas, nem de seitas, perdoando aos seus inimigos, retribuindo o mal com o bem, a exemplo do divino modelo."

A maior contribuição que se pode dar para o Espiritismo, nessa decisão de se tornar Divulgadores da Doutrina, é a de levar com exatidão e precisão os ensinamentos que o Espírito da Verdade revelou.

A base racional tem que nos afastar por completo das ideologias e tendências que tentam com todas suas forças igreijificar nossa Doutrina, por meio de práticas, cultos e rituais que nos aproximam das condutas farisaicas e que acabam afastando-nos das nossas raízes, valores e postulados. Tenhamos clareza, discernimento e senso de presença, para nos manifestar fraternal e amoravelmente, mas sobretudo com altivez e autoridade sempre que nos depararmos com essas situações que são como teias que, subliminarmente, vão envolvendo a Casa Espírita na tentativa de enrijecê-la e prendê-la a falsos paradigmas e valores.

Lembre-se de que somos seres Livres, como livre é a nossa estrada.

15

A PIRÂMIDE DA APRESENTAÇÃO

"Escolha um trabalho que você ame e não terás que trabalhar um único dia em sua vida."
Confúcio

A aula ideal é aquela que consegue atender aos objetos programáticos do curso de forma contextualizada, ou seja, inserindo-se como mais uma peça no calendário e não se achando a única aula. Deve fazer menção a assuntos da aula anterior e não entrar no tema da aula posterior.

Apesar de enfatizar a questão do Sentimento, não se pode negligenciar o quesito Conteúdo, pois o mesmo deve primar pela aderência total e irrestrita às Obras Básicas, Clássicas e Complementares, sem a prática abominável da eisegese.

A aula tem que ser fruto de nossa vivência. Quem se beneficia primeiro com a aula é o Expositor. Deve-se colocá-la em prática em nossa vida desde o primeiro contato com as pesquisas e estudos relacionados. Essa conduta nos beneficiará sobremaneira.

Daí enfatizar a importância do Sentimento, pois o Expositor, quando vivencia e exercita tudo aquilo que fala ou apresenta, deixa de ser teórico e passa para um outro patamar existencial, elevando à categoria de testemunho sua aula ou apresentação. O olhar, gesticular, o balé do corpo, a voz, tudo terá total e completa aderência ao conteúdo da apresentação e a aula, será a nossa verdade, o nosso testemunho. Haverá plena empatia (senão com todos, com pelo menos a maioria da sala), propiciando um momento de troca e vivência onde o aluno ou participante receberá essa energia, sensibilizando-se e, de certa forma, envolvendo-se e com isso sendo encorajado e/ou estimulado às reflexões necessárias para o seu despertar.

Cria-se o verdadeiro ambiente místico, que é consequência de uma série de coisas, incluindo nossa preparação, da energia proveniente da troca entre expositor e alunos, das emanações altruístas de pensamentos e propósitos, do ambiente, entre outros fatores. Essa condição nutre o Expositor de inspirações e intuições advindas da cúpula espiritual atrelada e interessada naquela Tarefa e, claro, de nossos Mentores Espirituais.

O elo se estabelece e esta aula será uma experiência existencial positiva e marcante para a maioria dos participantes – alunos e Expositor.

Quando falamos da Pirâmide da Apresentação é porque, como já mencionado, uma boa apresentação fundamenta-se essencialmente em:

- Técnica
- Conhecimento
- Sentimento

A **Técnica** estrutura-se nos recursos, método e estilo de apresentação que serão usados para levar o conhecimento e conteúdo contido de forma estruturada, acessível e ordenada, auxiliando o Expositor a seguir o protocolo de maneira natural e tranquila, superando suas fobias e resistências.

O **Conhecimento** é o conteúdo propriamente dito, fruto das pesquisas e estudos realizados com o intuito de explicar e auxiliar os alunos e ouvintes a entenderem de forma organizada, didática e de fácil absorção os princípios elementares daquela lição ou tema.

O **Sentimento** é o elemento disruptivo dessa cadeia toda, pois pode ajudar e ao mesmo tempo atrapalhar a passagem da aula. Se o expositor não souber coordenar as emoções, pode colocar tudo a perder e a aula ser um momento de tortura para ambos os lados – Expositor e alunos/ouvintes.

O sentimento não se estuda e nem se aprende. É fruto da vivência e experiência adquirida ao longo da vida. Não se pode transferir aquilo que não se tem.

Por isso a grande dica é aplicar os conceitos e ensinamentos da aula em sua própria existência, antecedendo a cada aula ou apresentação. Dessa forma, você poderá testemunhar ao invés de ensinar.

O sentimento é a entrega pura e simples do suor e das lágrimas do Expositor, compartilhando abertamente com os alunos (retirarei os ouvintes, pois se for em palestra pública, temos que tomar cuidado com a expressão do sentimento), toda a sua emoção e vivência.

A PIRÂMIDE DA APRESENTAÇÃO

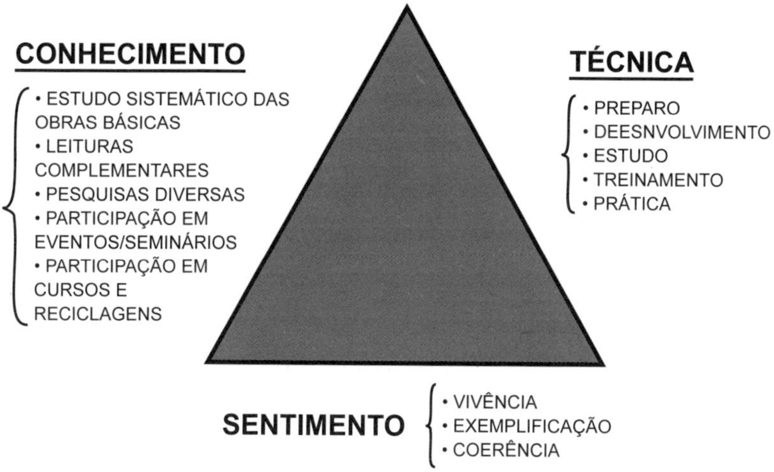

Fonte: Apostila Facilitadores RGA 2009
Curso Facilitadores de Aula/2006 – Regional Oeste/SP

Similar ao tripé ou pirâmide da doutrina, o Sentimento está na base da nossa pirâmide, por entender que é o elemento mais importante e relevante em todo o contexto.

Apesar de ser algo difícil de se aprender, existe uma série de técnicas (sim, técnica dentro do sentimento) que podem ser usadas para alavancar esse processo. O Sentimento está muito atrelado ao lúdico. Por isso, dinâmicas, músicas e atividades dessa ordem podem auxiliar em muito na aplicação dessa conduta nas aulas.

Na verdade, não queremos somente retenção do conhecimento ou da eliminação da curva do esquecimento, isso qualquer curso busca. No Movimento Espírita esperamos que o aluno, por meio do processo de aprendizagem, possa ser tocado e se mobilize no processo individual e constante da Reforma Íntima. Assuma uma posição proativa neste contexto geral, direcionando sua vida com foco nos ensinamentos da moral-cristã.

A forma gráfica de se expressar a importância do Sentimento nas nossas apresentações é a seguinte:

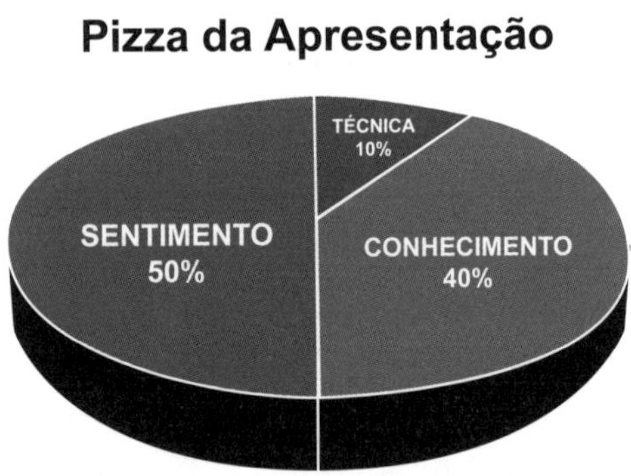

Nessa demonstração gráfica, tem-se que a somatória de Conhecimento + Técnica nunca será maior do que o do Sentimento. Tem-se também que o Sentimento e o Conhecimento juntos representam 90% de uma apresentação ou aula.

A Técnica, por mais que seja relevante, inclusive para os principiantes (trazendo mais segurança e confiança), deverá perder aos poucos sua importância no contexto das aulas e apresentações. Realmente é por meio da Técnica que adquirimos confiança para iniciar-se nessa Tarefa Redentora. Aplicando todas as recomendações, tanto do ponto de vista de pesquisa e desenvolvimento das apresentações, como do controle emocional e das técnicas propriamente ditas de oratória, o Expositor estará controlando a ansiedade e as fobias que tanto prejudicam uma apresentação de qualidade.

No decorrer do tempo, o Expositor irá se desconectando de notebooks e projetores e, assim, as aulas e as apresentações tendem a ser mais simples, o que não significa ser simplista ou simplório.

A simplicidade é a ausência de extravagâncias, de exageros que são como armadilhas que impedem de atingir os objetivos que tanto buscamos numa aula ou apresentação vivencial. Nunca confunda uma pessoa simples com uma pessoa simplista. O simples tem a capacidade de filtrar aquilo que realmente importa daquilo que não acrescenta valor, enquanto que o simplista deixa de lado aspectos fundamentais dos objetivos, com a meta de se ter algo distante da sofisticação, justamente por não a querer. Nessa busca, o simplista erra pelo excesso de zelo na simplicidade. Seguindo essa linha, temos ainda o simplório que se esmera pela falta completa de cuidado. Numa pessoa, poder-se-ia dizer que o simplório não se preocupa, inclusive, com a aparência pessoal e com a vestimenta.

Além dos aspectos vivenciais e o apelo da emoção, que o Sentimento enfatiza, têm-se os aspectos científicos que corroboram a importância de sair de uma aula tecnicamente correta para uma aula onde o aspecto sentimento sobrepõe-se aos demais.

Não haverá uma linguagem corporal aderente e adequada sem uma experimentação existencial daquele ensinamento. Tente dar uma aula sem a vivência e posteriormente uma aula com a vivência adquirida sobre o mesmo tema. Não há sequer como comparar e como explicar essa experiência.

Outro dado da ciência que corrobora tudo isso é o estudo que já fizemos no capítulo 10 – Processo Ensino-Aprendizagem.

Tudo isso junto vem ressaltar e corroborar a importância de se adicionar suor, lágrimas e toda emoção possível numa entrega sem melindres e barreiras, onde o compromisso maior é com a Missão assumida de ser Divulgadores da Terceira Revelação, levando-a sem medo, dificuldades e barreiras a todos e em qualquer lugar, indistintamente.

16

AS PALAVRAS MOVEM, MAS OS EXEMPLOS ARRASTAM

"Meus irmãos, qual é o proveito, se alguém disser que tem fé, mas não tiver obras? Pode, acaso, semelhante fé, salvá-lo?"

Tiago 2:14-26

Nesta Missão de Divulgadores da Boa Nova da Terceira Revelação, deve-se redobrar a vigilância em relação, sobretudo, à conduta. Começando especialmente dentro do seio familiar e indo até a Casa Espírita, passando necessariamente pelos ambientes sociais e profissionais, pois o Expositor Espírita será alvo, sendo sempre observado.

Há vários contos que podemos trazer para ilustrar a importância do exemplo, mas tem um que uso com certa frequência e que diz assim:

"Um certo palestrante espírita dirigia-se para o Centro Espírita onde iria abrir os trabalhos da noite para os assistidos e participantes, com a Preleção Evangélica. Tratava-se de um Centro pequeno, situado numa casa de bairro. O salão da Preleção era o ambiente onde situava-se a sala da casa – não muito grande, mesmo se considerarmos uma casa confortável.

Ao dirigir-se para o Centro, o palestrante resolveu parar na padaria das proximidades para tomar um suco e comer algo, uma vez que vinha direto do trabalho, estava com fome e tinha tempo para tal. Na padaria exerceu na plenitude toda a sua autoridade como cliente exigente, reclamando da demora no atendimento, posteriormente da qualidade do sanduíche e do suco, chegando a discutir com o atendente de forma ríspida, em tom não muito alto, mas energético e duro, expondo a ridicularização e menosprezo do atendente a todos os presentes. Os clientes, evidentemente, ao presenciarem tal cena, ficaram de certa forma transtornados com as palavras duras que haviam sido usadas para qualificar o atendente. O nosso palestrante, exaltado, pagou a conta e saiu 'pisando duro', entrou em seu carro e foi em direção ao Centro Espírita, onde iria proferir a Preleção da noite, numa missão de levar a Palavra baseada na Moral-cristã, que acaricia os assistidos, reconforta, anima, encoraja, ensina, entre tantos outros benefícios de que é portadora.

Qual não foi a surpresa desse palestrante (com 'p' minúsculo) que, ao posicionar-se à frente dos assistidos, encontra na primeira fileira pessoas que, atônitas ao vê-lo, haviam assistido o seu total e desnecessário destempero na padaria, minutos atrás."

Imagine essa situação e contextualize-a trazendo-a para o dia a dia.

A vida e a sua cruel realidade estão nos afrontando e testando diariamente, quer seja em casa, no trânsito, no trabalho, nas relações sociais e nas atividades voluntárias também.

O que não se pode é vestir máscaras de comportamento que usaremos de acordo com a conveniência e local.

O testemunho será cobrado dos Tarefeiros da Palavra mais forte do que para os demais, porque assumiram a Missão de Divulgadores e, como tal, devem ter comportamento adequado e aderente aos princípios éticos, morais e cristãos que irão propagar.

Na verdade, não haverá necessidade de ninguém cobrar retidão de comportamento, a própria consciência fará isso, especialmente quando vacilar e cair.

Vigie os seus atos!

Lembrando o filósofo e poeta grego Teócrito, que nasceu em Siracusa, na Sicília – Itália, em 310 a.C.:

"Vigie seus Pensamentos, por que eles serão suas palavras.
Vigie suas Palavras, por que elas serão seus atos.
Vigie seus Atos, porque eles serão seus hábitos.
Vigie seus Hábitos, porque eles formarão seu caráter e
Vigie seu Caráter, porque ele será o seu Destino."

O AMOR É O QUE O AMOR FAZ

Gosto muito dessa expressão e ela me orienta muito em tudo que procuro fazer.

Já se passou da fase de ficar somente vibrando e orando pelo bem da humanidade, dos doentes, pobres e oprimidos. O momento é de arregaçar as mangas e ir para o *front* sem medo de errar e de se expor, lutando por melhorias às vezes insignificativas e imperceptíveis aos olhos normais dos encarnados, mas plenamente percebíveis pela espiritualidade que coordena essas ações neste orbe de predominância da dor e do sofrimento.

A decisão de enfrentar os temores internos, expondo-se ao apresentar uma aula, preleção ou palestra é louvável e pouquíssimos ou quase ninguém sabe ou saberá das dificuldades que se enfrenta nesta lide missionária e de dedicação total. Quantas dores de barriga!! Superação do nervosismo! Vencendo-se os medos, fobias, dificuldades e etc.!

Horas dedicadas à pesquisa, ao estudo, à preparação, ao ensaio e à modulação do que se irá falar para atingir a perfeição e os objetivos esperados. Isso sem considerar o deslocamento, o trânsito viril, as inúmeras barreiras a serem enfrentadas em locais desconhecidos de Centros e pessoas com quem não se tem o convívio. Num desbravar, com poucos precedentes, levando consigo a Missão (com "M" maiúsculo) de divulgar a Boa Nova que a Terceira Revelação trouxe.

Essa Tarefa, resguardadas as devidas proporções, (porque só Paulo de Tarso andou mais de 20.000 km nas suas peregrinações de cidade em cidade, chegando inclusive a Roma), assemelha-se aos Apóstolos que levaram a Boa Nova de Jesus a todos, sem distinção e escolhas. Foram os porta-vozes da Moral-Cristã que está presente entre nós, decorridos mais de 2.000 anos.

Ao se decidir por essa empreitada, está se aproximando desses Tarefeiros da Seara do Mestre Jesus, deixando uma contribuição para a posteridade – a Palavra lançada produzirá seus frutos, inexoravelmente.

FLEXIBILIDADE RESILIENTE

Este conjunto de atributos – flexibilidade e resiliência – é requerimento básico a todo Expositor, especialmente ao Espírita. É o oposto do melindre.

É necessário e imprescindível ser flexível, sobretudo, em sua vida interior. Abrir-se ao mundo sem defesas e melindres, como já abordado. Observar também que não deve subir ao pedestal da vaidade e do personalismo, abstendo-se de toda e qualquer exposição pessoal e das suas qualidades.

O respeito pela individualidade do ser e dos diferentes estágios culturais, espirituais e intelectuais é obrigatório em nossas aulas e apresentações, não julgando seus ouvintes e alunos, demonstrando preconceito e discriminação de qualquer espécie.

O primeiro passo neste processo de flexibilização é reconhecer- se em formação e que a única diferença entre nós – Expositores e os Alunos ou Assistidos – é o momento da chegada. Isso significa, tão somente, que tivemos previamente contato com os princípios nesta encarnação e, naturalmente, estudado um pouco mais, para realizar a aula ou apresentação.

Não se sabe a envergadura espiritual de quem está nos assistindo, sua bagagem moral pode ser, inclusive, maior e mais ampla do que a de quem está ministrando a aula.

Há de se ressaltar que todos ali – incluindo o Expositor – estão no processo contínuo de despertamento espiritual – e estará por um bom número de encarnações ainda – buscando a melhoria, depurando os sentimentos, crescendo em comprometimento pessoal e coletivo. Todos são companheiros de jornada!

Respeitando a individualidade, deve-se admitir a diversidade, as diferentes formas de se encarar a vida e as situações. As pessoas experienciam e introjetam as realidades de formas diferentes, buscam seus ideais por caminhos diversos, não são nem melhores nem piores uns que outros, são Espíritos em busca de luz, no caminho do Celeste Criador.

Afaste-se de diferenciar-se dos participantes, ouvintes e alunos, dando a famosa carteirada, tipo:

- Já estou nesta tarefa há muitos anos....
- Nasci na Doutrina... ou ... Estou na Doutrina há "X" anos.
- Já li todos os livros de André Luiz...
- Sou dirigente há 20 anos dentro dessa casa espírita...
- Faço Palestras e dou aulas há mais de 20 anos...
- Tenho a agenda repleta de palestras e aulas, me manda um e-mail, quando abrir um espaço, te aviso....
- Se eu não estou... a tarefa não anda...

Entre tantos outros "absurdos", que encheriam essa página.

Não se busca quantidade, quantificações, títulos, nomenclaturas, níveis, posições e cargos. Busca-se predominantemente a qualidade, numa entrega despojada, humilde e, de preferência, sem nenhuma publicidade.

Quem se posiciona dessa forma, colocando-se num pedestal, deveria voltar aos estudos. Não entendeu a essência dos ensinamentos do Mestre Jesus. É o fariseu que não serve como exemplo. Certamente, entre os ouvintes e alunos de uma escola ou curso, há os Publicanos exaltados por Jesus, Seres com mais qualificação interior do que esse suposto "espírita de crachá" tem.

Abertos ao próximo e à sua forma de agir e pensar, sem medos, preconceitos, discriminações e melindres, a aula terá o incentivo das trocas vivenciais, que enriquece o conteúdo da mesma, agregando fragmentos vivos das experiências evolutivas de cada um, como numa grande terapia terrena, onde todos são pacientes e o Cristo o Grande Terapeuta das sessões, guiando-nos pelo Evangelho Redentor.

17

O MEDO E A TIMIDEZ DE FALAR EM PÚBLICO

"O medo faz parte da vida da gente. Algumas pessoas não sabem como enfrentá-lo, outras – acho que estou entre elas – aprendem a conviver com ele e o encaram não como uma coisa negativa, mas como um sentimento de autopreservação."

Ayrton Senna

Atire a primeira pedra quem nunca sentiu um frio na barriga ou um certo nervosismo ao falar em público, mesmo em pequenos grupos. Isso é mais que comum. É normal. Anormal é não sentir esse medo.

Mas até que ponto essa reação pode ser encarada como algo normal? Quando ela passa a ser considerada uma patologia?

Este tema será estudado na Parte destinada ao Sentimento, por entender que o medo é uma emoção e, como tal, deve ser tratado.

No caminho percorrido pela oratória ou exposição, que vai desde a projeção da voz, passando pelo volume correto e entonação ideal, chegando ao conteúdo objeto da apresentação, aspectos como timidez e medo de falar em público precisam ser tratados.

O jornal britânico *The Sunday Times* publicou em outubro de 2013, um estudo que diz que o medo de falar em público supera o medo da morte, de problemas financeiros e até de doenças graves, na maioria das pessoas.

Resultado da Pesquisa
O Medo de Falar em Público

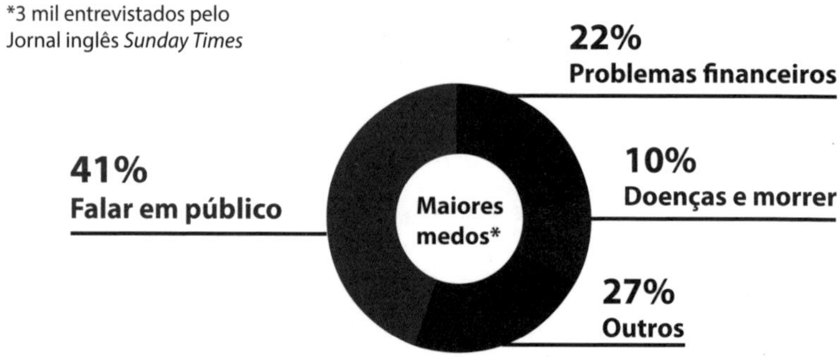

Você, com toda certeza, deve conhecer alguém, senão você mesmo, que tem mais do que um simples frio na barriga, quando é "desafiado(a)" a falar para uma plateia – poderia dizer que entra em pânico, literalmente – e não consegue passar a sua mensagem.

Pois é, pode não ser um capricho de seu amigo ou até seu, pode ser uma doença de nome estranho, chamado de Glossofobia.

GLOSSOFOBIA - CONCEITO

Do grego *glóssa* (língua) e fobia (medo). Significa aversão ou medo patológico de falar em público. O portador da patologia apresenta outros sintomas além do nervosismo, que podem ser psicológicos ou físicos, tais como:

Emocionais:

- Baixa autoestima. Julgam-se incapazes.
- Só esperam a derrota. Será um fracasso.
- Frustração por procura de perfeição.
- Medo de se perder e parecer tolo.
- Buscam aprovação constante.
- Querem ser a unanimidade.
- Ansiedade.
- Medo de julgamentos.
- Melindres.

Físicos:

• Boca seca.
• Dilatação da pupila.
• Aumento da pressão arterial.
• Vermelhidão no rosto.
• Transpiração excessiva (sudorese).
• Respiração assimétrica e ofegante.
• Voz fraca, pausada, agitada, trêmula.
• Tremedeira no corpo, especialmente nas mãos.
• Ataques de pânico caracterizados por paralisia, diarreia, sudorese ou tremores, como já mencionado.
• Rigidez nos músculos do pescoço e nas costas.
• Náuseas e vômitos em casos extremos.
• Desmaios em casos extremos.

Do ponto de vista científico a causa dessa fobia ainda é de fato desconhecida. Possivelmente vem de um evento traumático ocorrido em algum momento da vida, seja na infância, adolescência, juventude ou até mesmo na fase adulta.

Do ponto de vista espiritual, sabemos que esta dificuldade pode ser fruto da presença forte dos defeitos do orgulho e do egoísmo, que nos fazem ser seres melindrados, fechados e vaidosos ao extremo, não aceitando que nenhuma exposição, por menor que seja, mostre nossas "fraquezas" e tendências.

Apesar de a Reforma Íntima ser uma decisão e ação do Ser, o seu processo pode e deve ser um caminhar coletivo, em busca da mão que auxilia nos momentos de fraqueza e invigilância. Contudo, independentemente de sozinho ou em grupo, você terá que encontrar-se e ir ao seu Deserto Interior, conhecer-te a ti mesmo, como nos ensina Sócrates. Deverá desconstruir-se e reconstruir-se de forma estrutural e total, baseado nos conceitos da moral-cristã à luz do Espiritismo.

Para que esta reconstrução psicológica e espiritual aconteça, você tem que lidar com vários pontos que, em muitos casos, descobrirá no caminho.

Sabedor da difícil tarefa de se superar nesse propósito, aconselho a quem sofre desse mal que procure ajuda. Sozinho é muito complicado que alguém supere esse problema por um motivo lógico e espiritual: não estamos sozinhos neste processo.

Além desse trabalho interior, há várias formas de tratamento, da forma tradicional por meio de apoio psicológico ou psicanalítico ou por meio de apoio psiquiátrico, recorrendo a medicamentos receitados para ajudar a diminuir seu principal sintoma, a ansiedade e fobias.

Existe outro tratamento, já muito utilizado, que é o de envolver-se em atividades como cursos na área de comunicação, terapia da fala, clubes ou instituições religiosas que promovem momentos de fala em grupo. Apoio de pessoas próximas são "terapias" viáveis para vencer essa dificuldade.

Além dessas práticas, temos: hipnose clínica, meditação, acupuntura, visualização positiva, mudança de crença, hábitos e valores ajudam muito no combate a esse medo de falar em público.

ENTENDENDO O MEDO

O Espírito Joanna de Ângelis, por meio de psicografia de Divaldo Franco no livro *Florações Evangélicas*, capítulo 21, traz grande ensinamento sobre este sentimento:

"Esmagadora maioria das criaturas padece a rigorosa constrição do medo. Adversário dos mais cruéis, o medo é responsável por tragédias inomináveis que varrem a Terra em todas as direções, gerando clima nefando de atrocidades de classificação muito complexa. (...)

O medo é uma sensação que proporciona um estado de alerta demonstrado pelo receio de fazer alguma coisa, geralmente por se sentir ameaçado tanto física quanto psicologicamente. Pavor é a ênfase do medo.

Pode ser, também, uma reação obtida a partir do contato com algum estímulo físico ou mental, baseado em interpretação de alguma situação, pela própria imaginação ou por crenças existentes, tudo isso gera uma resposta de alerta no organismo. Esta reação inicial dispara uma resposta fisiológica.

Pode ser, inclusive, o famoso "frio na barriga", que é causado, entre outros fatores, pela tensão frente ao novo ou ao desconhecido, ou seja, da ansiedade do não conhecer experiências novas. É, potencialmente, reflexo de atividade psicológica no âmbito dos sentimentos e da condição psicossocial do Ser. A autocobrança, o orgulho que poderá ferir-se caso nos contrariem, a vaidade despedaçada caso notem que não somos perfeitos, das autocríticas depreciativas e da fértil imaginação (normalmente negativa) que criamos, que gera uma pseudoconcepção negativa da situação proporcionando o medo, tudo isso e muito mais, obviamente, pode desencadear esse traço de fobia.

É necessário reprogramar-se face à mínima tendência do medo, conscientizando-se de que em primeiro lugar estamos colaborando para e com o Cristo. Em segundo lugar, devemos reconhecer que não somos os únicos a sofrer deste sentimento e, com a experiência obtida pela exposição à Atividade Redentora, o mesmo será gradualmente reduzido.

A plateia, os alunos e ouvintes estão ali para ver o nosso sucesso e não a nossa falha.

É importante, sobretudo, concentração e foco, ou seja, deve-se deter no que está dizendo e não como se está dizendo.

Quando se dá muito valor à técnica, fecha-se à ligação espiritual e passa-se a atuar apenas no campo da razão.

Se houve preparo preliminar, ou seja, se conhecer bem o assunto, ensaiar insistentemente, respirar de forma adequada e orar com sentimento, poder-se-á controlar a emoção pelo intelecto sem prejuízo das ondas instintivas, geradas pelo reflexo condicionado, que será tratado a seguir. Tudo isso aliado ao vocabulário ampliado pela leitura, estudo dedicado, bem como pelas experiências vivenciadas, geram segurança que proporcionam desenvoltura, sequência lógica, bem-estar físico e emocional, reforçando e potencializando a disposição de cumprir a tarefa com amor e dedicação.

Normalmente um bom preparo intelectual e espiritual é suficiente para não sucumbir aos limites e impeditivos do traço fóbico.

A resposta anterior ao medo é conhecida por ansiedade. Na ansiedade o indivíduo teme antecipadamente o encontro com a situação ou objeto que possa lhe causar algum mal. Sendo assim, é possível se traçar uma escala de graus de medo, no qual, o máximo seria o pavor e, o mínimo, uma leve ansiedade.

O medo pode se transformar em uma doença (a fobia) quando passa a comprometer as relações sociais e a causar sofrimento psicológico.

- **Traço fóbico:** condição normal de pressão, não impeditiva à tarefa, trabalhado pelo exercício, treinamento, confiança, segurança, Reforma Íntima, exposição constante, leitura, etc., ou
- **Fobia social:** condição extrema de pressão, impeditiva, necessita de tratamento psicoterápico, potencializada por um quadro severo de ansiedade e em casos mais profundos de ataques localizados de pânico.

Uma das técnicas mais utilizadas pelos psicólogos e psicanalistas para se tratar o medo é encorajar o paciente a enfrentar o próprio medo, seguindo uma escala de exposição e de adaptação ao mesmo. Ao fazer isso, o indivíduo/paciente passa, gradativamente, por um processo de reestruturação cognitiva em que ocorre uma reaprendizagem, ou ressignificação, da reação que anteriormente gerava a resposta de alerta no organismo para uma reação mais equilibrada.

REFLEXO CONDICIONADO

Os seres vivos já nascem com certos reflexos, em outras palavras, são programados para terem determinadas reações diante de situações específicas. Por exemplo, se um surfista no mar tromba com um tubarão, seus músculos ficam tensos e sua atenção para lá de redobrada. Sabemos que uma série de endorfinas e adrenalinas, entre outras, são lançadas em nossa corrente sanguínea para que esse alerta total seja a forma de salvar a nossa existência – é a forma que o nosso corpo encontrou para nos manter alertas e, consequentemente, vivos. No caso do surfista, o corpo dele concentra energia automaticamente para fugir daquela ameaçadora "boca cheia de dentes". Isso é uma amostra clássica de um reflexo natural. Vejamos outra forma de reflexo com a mesma ilustração e que nos mostrará como funciona o condicionamento.

Lembra do filme *Tubarão*? Dirigido por Steven Spielberg em 1975?

Sempre tocava a mesma trilha sonora de suspense antes da "boca cheia de dentes" – tubarão – protagonista – atacar algum personagem. Chega uma hora no filme em que as notas musicais, sozinhas, por si só já metem medo nos espectadores, mesmo que nem haja um tubarão na cena. Um turbilhão de adrenalina, endorfina, etc. é lançado em nossa corrente sanguínea e ficamos despertos, palpitantes, alertas. "Os espectadores, nesse caso, reagem e ficam tensos ao ouvirem a música quando percebem, ao longo do filme, que ela indica morte", exemplo dado pelo psicólogo Edward Kardas, da Universidade Southern Arkansas, nos Estados Unidos. Até hoje, para os mais velhos que assistiram esse filme nos cinemas, ouvir essa melodia, pode nos dar taquicardia. Esse condicionamento do reflexo foi estudado e inicialmente apresentado pelo ganhador do Nobel da Medicina de 1904, o fisiologista russo Ivan Pavlov. O estudo foi chamado de cães de Pavlov.

Cães de Pavlov

O estudo funcionava assim: toda vez que os bichos eram alimentados, o médico tocava uma sineta. Com o tempo, os cães começaram a associar as badaladas à comida. E chegavam a babar, famintos, só de ouvir o sino, mesmo que o prato deles estivesse vazio. Muitos podem lembrar que já ensinaram truques parecidos para seus cãozinhos, mas a experiência de Pavlov tinha um propósito bem mais nobre do que disciplinar o melhor amigo do homem.

A ideia do médico russo era propor uma novidade científica: o reconhecimento dos reflexos condicionados dos quais muitos de nós somos vítimas involuntárias na maioria das vezes.

O medo, entre outras fobias, pode ter origem nesses condicionamentos que criamos em nossas vidas e dos quais não nos libertamos, simplesmente por se tornarem reflexos automáticos, transformando-se em traço de nossa personalidade. O *bullying* pode ser um agente motivador de condicionamentos que futuramente podem limitar nossas ações.

Especificamente o medo de falar em público, por exemplo, pode ser um desses reflexos condicionados do qual estamos involuntariamente sendo vítimas sem perceber.

Há real necessidade do mergulho no nosso EU Interior nesta busca por Conhecer-Se para caminhar em direção da libertação total desses condicionamentos que nos prendem e nos limitam.

Somos na essência seres livres e não podemos nos submeter a nenhum tipo de enjaulamento, qualquer que seja.

Fábula: Os Macacos na Jaula ou Os Macacos e as Bananas

"Numa experiência científica, um grupo de cientistas colocou cinco macacos numa jaula. No meio, uma escada e sobre ela um cacho de bananas.

Quando um macaco subia na escada para pegar as bananas, os cientistas jogavam um jato de água fria nos que estavam no chão. Depois de certo tempo, quando um macaco ia subir a escada, os outros o pegavam e batiam muito nele.

Algum tempo depois, nenhum macaco subia mais a escada, apesar da tentação das bananas.

Então os cientistas substituíram um dos macacos por um novo. A primeira atitude do novo morador foi subir a escada. Mas foi retirado pelos outros, que o surraram.

Depois de algumas surras, o novo integrante do grupo não mais subia a escada.

Um segundo foi substituído e o mesmo ocorreu – tendo o primeiro substituto participado com entusiasmo da surra ao novato.

Um terceiro foi trocado e o mesmo ocorreu. Um quarto e, afinal, o último dos veteranos foi substituído.

Os cientistas, então, ficaram com o grupo de cinco macacos que, mesmo nunca tendo tomado um banho frio, continuavam batendo naquele que tentasse pegar as bananas.

Se fosse possível perguntar a algum deles por que eles batiam em quem tentasse subir a escada, com certeza a resposta seria:

— Não sei, mas as coisas sempre foram assim por aqui".

Essa fábula ilustra muito bem, primeiramente, a questão do medo do novo pelo novo, quando os macacos mais novos são inseridos e não questionam a situação reinante. Em seguida, a questão do reflexo condicionado sempre que se jogava água gelada e, posteriormente, quando algum macaco resolvia subir a escada era impedido e castigado com uma surra e, por último, a terceira, em relação à questão do paradigma aceito e perseguido, impondo um modelo, um padrão social entre os macacos. Esses últimos, apesar de nunca terem vivenciado a questão do jato de água gelada, toda vez que um macaco subia para pegar a banana era impedido e surrado.

No caso do paradigma, muitos dos comportamentos que são impostos vêm de hábitos ultrapassados e repetidos por quem já "apanhou" antes ou por pessoas que vão lhe dizer: "Tem que fazer assim", "Sempre foi feito desse jeito".

E assim a vida segue....

Esteja em alerta para os condicionamentos e se abra para os questionamentos, especialmente sobre o seu interior – Conhece-te a Ti mesmo!

Ao longo do tempo adquirem-se hábitos que vão caracterizando e, em alguns casos, definindo a personalidade do Ser.

Alguns exemplos clássicos, bobos até, mas que marcam nossa personalidade, por exemplo: será que costumamos sentar sempre no mesmo lugar na sala de aula, na mesma cadeira de reunião, no mesmo assento do ônibus, no mesmo lugar do sofá na sala ou tomamos sempre café com leite, pisamos sempre com o pé direito quando entramos num cemitério ou igreja, fazemos sempre a "cruz" quando passamos em frente a uma igreja católica, precisamos sempre "tomar passe" quando vamos numa Casa Espírita, etc., etc.??

Devemos nos questionar sempre e nos libertarmos desses condicionamentos ou paradigmas impostos (por menores que pareçam) para viver livremente, tornando-nos donos de nosso próprio agir, sem medo, sem timidez ou qualquer limitação.

Há um modelo consagrado pela psicologia, psicanálise e muito usado pela PNL, que é a ressignificação dos reflexos limitantes.

Ressignificação significa mexer no significado, ou seja, conhecer, avaliar e entender aquilo que se obteve como resultado do evento em si. De modo geral, formatamos e gravamos em nosso subconsciente o valor do significado, baseado em uma série de fatores (geralmente ambientais e emocionais), que vão além do evento em si e, a partir daí, criamos os monstros que irão nos limitar em nossa caminhada.

Simbolicamente, o significado seria a "moldura" do evento. O evento a "obra de arte". Se mudarmos a "moldura", não mudamos o evento em si (que é a obra de arte), mas alteramos o significado do mesmo (podendo alterar o valor do quadro). A obra de arte será a mesma, mas será mais ou menos valorizada, dependendo da moldura aplicada. Mexer no significado é ressignificação, ação que devemos implementar cotidianamente em nossas vidas.

Na ressignificação podemos escolher e definir o que o evento significará para nós, em nossas vidas. O evento estará sempre lá, não podemos apagá-lo da nossa memória (é a obra de arte!). Porém podemos ressignificá-lo, aplicando a Teoria do Copo com Água Até a Metade. Você vê qual parte? A vazia ou a cheia? Enxergamos e ouvimos aquilo que queremos e valorizamos em nossas vidas. Reflita.

Nessa perspectiva, mesmo que as coisas saiam erradas, procuraremos sempre as lições necessárias e valorizaremos o aprendizado em detrimento de focar na lamentação e resmungação, perdendo tempo precioso de nossas vidas. Usaremos a situação em nosso favor em vez de nos transformamos em vítimas dela!

Simples assim: "Se a vida lhe dá um limão, faça uma limonada!"

TIMIDEZ E INTROSPECÇÃO

"A timidez é uma condição alheia ao coração, uma categoria, uma dimensão que termina na solidão." – Pablo Neruda.

A palavra timidez se origina do latim *timere*, que quer dizer "ter medo". Nasce da falta de segurança em si mesmo, da sensação de não ser merecedor da atenção ou da consideração dos outros, ou de sentir que não se tem o direito de ser reconhecido. Em resumo, o tímido sente vergonha de si mesmo e dá muito valor à opinião dos outros.

A timidez está associada a um repertório escasso de habilidades sociais e relacionado às reações da pessoa tímida, tais como apatia, inatividade, passividade e indecisão. A preocupação com a avaliação das pessoas, a falta de coragem para assumir riscos e até mesmo os próprios desejos fazem com que os tímidos interpretem situações de formas equivocadas e, potencialmente, sempre ameaçadoras. Os tímidos perdem a autonomia e não raro precisam ser amparados por algo ou alguém para se sentirem seguros. Necessitam de incentivo, geralmente verbal, para seguirem adiante.

A timidez impulsiona o desconforto do indivíduo em todas as circunstâncias que este se encontra em reunião de pessoas, (inclusive familiares), e consequentemente, essa insegurança detona a sua autoestima.

Ter consciência das limitações e fragilidades é um grande passo para o autoconhecimento e faz parte do Processo de Reforma Interior ao qual o Trabalhador dessa Seara deve se submeter profundamente.

Os tímidos, em grande maioria, têm baixa autoestima, não lidam bem e naturalmente com a rejeição e as frustrações. Encaram todo e qualquer tipo de opinião, por mais artificial e genérica que seja, como algo pessoal. São praticantes ao extremo do melindre.

Como o melindre, a timidez nasce da raiz desses defeitos, que é o orgulho. Em última análise e indo fundo nessa busca, chegaremos inevitavelmente nesse defeito. O tímido tem alto apreço por si mesmo, não se expõe porque não quer ser questionado (o que seria normal para todo ser) ou em suas interpretações "afrontado" – como se sente quando não concordam com o que ele fala.

Seguindo na análise desse comportamento, tem-se que a timidez é diferente de introspecção. A pessoa introvertida simplesmente aprecia a solidão e não se sente confortável em situações sociais. A pessoa introvertida não se importa muito com as opiniões dos outros e não sente medo de expressar as suas próprias opiniões, quando julga necessário.

O tímido, pelo contrário, se enche de nervosismo e muitas vezes isola-se para não ter que se expor. O sentimento de vergonha pessoal é tão forte que supõe que cada coisa que faz ou diz é uma impertinência ou falta de educação, respeito ou coisa que o valha, quando existem outras pessoas presentes.

18

VENCENDO O MEDO E A TIMIDEZ DE FALAR EM PÚBLICO

"Quando aceitamos nossos limites, conseguimos ir além deles."
Albert Einstein

O primeiro passo para mudar algo é reconhecer que algo precisa ser mudado. Não se chega a lugar nenhum se não se sabe para onde ir.

Admitir de forma honesta e profunda os nossos defeitos, vícios, tendências e sentimentos, é o primeiro passo para lidar com eles. Não se pode ir muito longe nesta empreitada sem esse pensamento, ou melhor, ação. É tempo de agir!

O processo constante de Reforma Íntima é o momento existencial mais propício que existe para esse mergulho profundo em seu Deserto Interior e mapear-se, conhecer-se e, a partir daí, estabelecer o Plano de Ação (porque chega de teorias, não é verdade?) que deverá seguir com foco na mudança interior, baseado nos ensinamentos da moral-cristã.

Sem essa imersão, qualquer decisão será da "boca para fora", talvez como uma satisfação social ou a alguém.

Enquanto as decisões forem tomadas pensando em satisfazer algo ou alguém, a probabilidade de não terem êxito é grande. Por exemplo: vou parar de beber/fumar/drogar-me porque minha filha nasceu ou porque minha mãe fica me "enchendo". Você pode até parar, mas na primeira recaída não encontrará as forças necessárias para superar e vencer. Sabe porquê? Porque o estímulo veio de fora e nem sempre quem ou o que o estimulou estará ao seu lado, especialmente nas fraquezas, para auxiliar e apoiar.

A decisão perene, forte e vencedora é aquela que sai de dentro do Ser, motivado por suas próprias convicções, crenças e valores. A probabilidade de se obter êxito é grande e prazerosa.

VENCENDO O MEDO DE FALAR EM PÚBLICO

Já sabemos que falar em público é o medo número um, superando inclusive o medo da morte!

Se você tem medo de falar em público, acredite – você não está sozinho!

Vejamos algumas dicas que poderão lhe auxiliar na superação desta fobia, via decisão pessoal, sem necessidade de medicação.

Entender

Esse é o primeiro passo para a superação. Entender que você não é o único ser portador desse "mal". Entender, significa introjetar e afirmar para você mesmo de forma clara e eloquente: que isso é normal e não é nada que não seja possível de se controlar ou, até mesmo, eliminar. Contextualizando o problema, podemos minimizá-lo e trazê-lo para um patamar mais acessível e tangível. Dessa forma, começamos o processo de superação.

Encarar

Sim, enfrente de frente os seus medos! Claro, sem a necessidade de exposição ao ridículo, que certamente potencializará o que vimos sobre os reflexos condicionados. Na verdade, temos que começar um processo de dentro para fora, em nossa imaginação. Crie cenários onde você está expondo e obtendo sucesso. Mentalize isso. Crie essas imagens interiormente e enfrente as eventuais palpitações e sudoreses que ocorrerem. Dessa forma, você começará a encarar a realidade, mesmo que imaginariamente.

No momento em que se sentir mais seguro, comece a expor, a falar em pequenos grupos.

Procure um curso em sua Casa que o habilite. Esses cursos são excelentes, pois trarão a confiança necessária para o pontapé inicial.

Praticar

Busque por oportunidade dentro da sua Casa Espírita ou entre amigos e familiares, para que tenha a oportunidade de treinar. Se possível, tente participar de grupos ou trabalhos voluntários para falar de um tema específico. Lembre-se de escolher assuntos sobre os quais já entenda. Falar sobre algo de que não se conhece aumentará seu estresse e atrapalhará seu desempenho.

Dicas

01. Confie em você. Você é o mais capaz na sala para falar sobre esse tema.

02. A prática ajuda muito.

03. Só você sabe o que precisa dizer, portanto não há nenhum problema em mudar alguma coisa durante a apresentação.

04. Não peça desculpas, não que não seja importante, mas é desnecessário.

05. Até os mais experientes aprendem algo toda vez que precisam falar em público.

06. Tenha certeza de que você não parece tão nervoso quanto realmente está. A sua percepção é maior do que o público em geral.

07. Caso esteja nervoso, evite pegar algo com as mãos, beber água e etc., para não demonstrar a sua tremedeira.

08. Não leve nada para o lado pessoal.

09. Seja autêntico.

10. Não tente fazer nenhuma piada para aliviar seu nervosismo. Se der certo com a piada e todos rirem, tudo bem; mas se ninguém rir é o caos, até mesmo para oradores experientes.

11. Mantenha contato visual com todos os presentes.

12. Gesticule e mova-se, isso aliviará a tensão.

VENCENDO A TIMIDEZ

Muitas pessoas pensam não existir solução para deixar de ser tímido e que superar a timidez é quase impossível.

Sabemos que sofrer desse sentimento é terrível, amedrontador, isolador, constrangedor, vitimizante, etc.

Só quem vive isso é capaz de entender o quão limitante esse excesso de vergonha é na vida de uma pessoa.

A timidez é pior do que quem tem medo de falar em público. Quem é tímido está um passo atrás de quem tem glossofobia. O tímido nem sequer pensa na possibilidade de falar em público, o outro pensa nisso e até se lança. Tem-se medo de falar em público porque não domina as técnicas adequadas ou não tem o preparo suficiente para tal. Pode até ter alguns dos sintomas de timidez, como sudorese e tremores, mas a timidez é muito mais restritiva e deve-se olhar com mais atenção, cuidado e carinho.

Não ocorrerá aqui nenhum milagre e, de uma hora para outra, transformar um tímido num "ex-tímido", habilitando-o a palestrar na TV, a desfilar desinibidamente pela avenida Paulista ou coisa parecida.

A libertação total se dará paulatinamente, podendo ser de forma cadenciada ou com altos e baixos. Não importa como será, o importante é saber que se vencerá. Mas devo alertar sobre algumas etapas, vejamos:

- **Em primeiro lugar,** que a superação total não será momentânea, simplesmente, após a leitura desse livro. Haverá necessidade de muita sudorese, tremores, gagueiras, brancos mentais, vermelhidão, lágrimas (tomara que algumas sejam de superação), etc.
- **Em segundo lugar,** demandará uma "dedicação total", afastando, sobretudo, os medos e receios que habitam dentro do tímido. Haverá necessidade de uma superação pessoal, de uma decisão de dentro para fora, para que o primeiro fracasso não o jogue para o desânimo e nem o tire do foco, ou seja, da meta.
- **Em terceiro lugar,** que, apesar disso tudo, até que enfim, algum incentivo(!), posso afirmar que ao se dedicar e seguir as recomendações e dicas que seguem adiante, a possibilidade de se livrar definitivamente desse "mal" é grande e promissora.

Compartilharei aqui o que aprendi, pesquisei e apliquei em alguns dos cursos que ministrei. São pequenas dicas e passos, porém firmes e constantes na direção de se vencer a vergonha e superar a timidez.

Superando a Timidez

1. 3 F's: Foco, Força e Fé

Muito além de três palavras começando com a mesma letra: foco, força e fé são pilares para se obter sucesso e perenidade em qualquer atividade. Um verdadeiro mantra que, adotado em conjunto, pode produzir resultados efetivos e consistentes, seja qual for a área em questão.

2. O 4º F: *Feedback (retorno em inglês)*

No exercício da libertação da timidez, não tenha medo de pedir a opinião dos outros e de aceitá-la confortavelmente, inclusive, isso já faz parte do treinamento de se livrar do melindre, defeito moral que já tratamos anteriormente. Em nossos cursos, usamos essa técnica de exposição e de *feedback* logo após as apresentações para reforçar o conceito aprendido, mas também, para quebrar o melindre e demonstrar a importância de se obter um *feedback* positivo que nos orienta no caminho certo a seguir. O *feedback* não nos afronta e não é crítica à nossa pessoa, pelo contrário, é uma importante ferramenta em nossa melhoria pessoal, se soubermos usar a nosso favor.

3. A importância de se aceitar

Negar quem você é não será o caminho adequado e correto para vencer as suas dificuldades. Pelo contrário, devemos olhar para nossas dificuldades, fraquezas, tendências e inclinações por meio da realidade, ou seja, a partir de como elas são realmente. Devemos mapear e conhecer as nossas fraquezas e forças, em detalhes. Neste mergulho interior, além de mapear os defeitos e fraquezas, é importante identificar os pontos positivos também – todos temos! Nesse processo, com foco na superação da timidez, devemos identificar o que efetivamente provoca em nós esse sentimento de constante vergonha. Procuremos ver se é com pessoas específicas e/ou ambientes. Se tem alguma relação familiar, social ou profissional. E, a partir daí, podemos buscar melhorias.

4. Meu Porto Seguro

Identifique qual é o ambiente e as pessoas com que se sente confortável e livre para expressar suas opiniões sem medo. Esse é o que chamamos de Porto Seguro, ambiente ou pessoas por onde devemos começar a nossa superação. Devemos usar esse ambiente ou pessoas como "piloto" para o exercício e prática de falar em público, por exemplo. Treine algum tema e exponha. Algo curto e simples. Veja se consegue fazer seguindo a sua programação e peça *feedbacks* – sem melindres, por favor!

5. Reforma Íntima

Não podemos falar sobre superação sem que abordemos a proposta da Doutrina Espírita relativamente à Reforma Íntima, pressuposto básico e fundamental da melhoria gradativa e contínua do Ser.

Você deve estar imbuído desse compromisso, pois acima de tudo, essa prática nos leva ao conhecimento interior – "Conheça-te a Ti mesmo". Nos conhecendo teremos mais habilidades e condições de nos controlar e conduzir. Tímidos na maioria das vezes, senão na maioria, são conduzidos e, ao adotarmos a metodologia da Reforma Interior, deixaremos de ser conduzidos para sermos condutores de nossas próprias vidas. Prática importantíssima nesse processo de superação da timidez.

6. Fazer o que quero, independente da timidez

Como? Procure fazer isso nos momentos em que estiver à vontade e com a energia em alta, ou seja, naquelas horas em que a emoção da vergonha não estiver no comando.

Esse processo consciente deve ser adotado sistematicamente e provocativamente em seu dia a dia, de modo a tirá-lo da zona de conforto e aos poucos ir lhe expondo a situações que antes eram limitantes.

7. Autodesafiar-se

Quando tomo decisões, eu deixo a timidez de lado. Para um tímido, é cômodo fugir de eventos sociais e situações de potencial vergonha. Porém, quando começamos a incluir algumas dessas situações no dia a dia, elas vão se tornando mais fáceis. Nossa zona de conforto se expande e o mundo se torna, pouco a pouco, mais agradável. Se antes a zona de conforto era socializar-se com amigos próximos e família, ela começa a expandir até o ponto em que nos sentimos mais à vontade em outros ambientes.

Os autodesafios ajudam a trazer esse desconforto de uma forma consciente e dosada para o dia a dia. Em vez de passar por uma situação traumática (que pode aumentar os reflexos condicionados), coloca-se uma dose controlada de desconforto para evoluir aos poucos. Quando você se dá conta, já está se sentindo confortável em situações que antes traziam muita timidez.

8. O 5º F: FORD

Não tem nada a ver com carros, já vou logo adiantando para aqueles que gostam. Mas tem tudo a ver com um dos grandes desafios de uma pessoa tímida que é, justamente, puxar assunto. É um tal de olhar para o lado, para cima e para baixo, de se virar, de se mexer na cadeira, de coçar a palma da mão, de suar e etc.

Fique tranquilo, pois você não precisa falar muito para ter uma boa conversa. Basta, no momento certo, fazer as perguntas certas e ponto final! Afinal de contas, de um modo geral, as pessoas adoram falar sobre elas mesmas. Use isso a seu favor e seja um bom ouvinte!

Vejamos essa pequena técnica, simples e bem prática, que consiste em lembrar da sigla FORD e fazer perguntas relacionadas a essas áreas da vida, que são:

- **F**amília**:** Ex.: E o seu irmão (ou irmã)? Tudo bem com ele(a)?
- **O**cupação**:** Ex.: Alguma pergunta sobre o estudo ou trabalho da pessoa.
- **R**ecreação: Ex.: Você ainda joga bola com aquele pessoal?
- **D**esejos: Ex.: Você vai viajar nas férias? Como foi sua viagem?

De acordo com a psicologia e a psicanálise, ninguém deixará de ser tímido instantaneamente, isso é praticamente impossível. Mas, certamente, poderá adquirir autocontrole sobre si, ao colocar em prática parte dessas dicas. O primeiro e fundamental passo é decidir-se por sair da zona de conforto e expor-se. Esse momento é o mais importante!

Em breve você se pegará expondo e colocando as suas ideias espontaneamente. Se impor, sustentar opiniões e aceitar a opinião alheia de forma tranquila e natural, agir com mais autonomia e menos dependência da orientação de terceiros e, principalmente, não deixar de fazer algo por vergonha ou medo do ridículo. Esses serão os resultados que demonstrarão que você vem se superando e, sobretudo, superando a timidez. Não desista, siga adiante e tenha certeza de que a vitória já está dentro de você.

O essencial neste processo, como um todo, é não perder oportunidades, sejam elas em qualquer campo, sempre que puder falar e expor sobre um tema que domine, é momento de se aproveitar e se jogar na oportunidade.

A meta nesse caminho é tentar agir com mais confiança e sem autocobranças injustificadas e desnecessárias.

PARÁBOLA DOS TALENTOS (Mateus 25:14-30)

"E também será como um homem que, ao sair de viagem, chamou seus servos e confiou-lhes os seus bens. A um deu cinco talentos, a outro dois, e a outro um; a cada um de acordo com a sua capacidade. Em seguida partiu de viagem. O que havia recebido cinco talentos saiu imediatamente, aplicou-os, e ganhou mais cinco. Também o que tinha dois talentos ganhou mais dois. Mas o que tinha recebido um talento saiu, cavou um buraco no chão e escondeu o dinheiro do seu senhor.

"Depois de muito tempo, o senhor daqueles servos voltou e acertou contas com eles. O que tinha recebido cinco talentos trouxe os outros cinco e disse: 'O senhor me confiou cinco talentos; veja, eu ganhei mais cinco'.

"O senhor respondeu: 'Muito bem, servo bom e fiel! Você foi fiel no pouco, eu o porei sobre o muito. Venha e participe da alegria do seu senhor!'

"Veio também o que tinha recebido dois talentos e disse: 'O senhor me confiou dois talentos; veja, eu ganhei mais dois'.

"O senhor respondeu: 'Muito bem, servo bom e fiel! Você foi fiel no pouco, eu o porei sobre o muito. Venha e participe da alegria do seu senhor!'

"Por fim veio o que tinha recebido um talento e disse: 'Eu sabia que o senhor é um homem severo, que colhe onde não plantou e junta onde não semeou.

25 **Por isso, tive medo, saí e escondi** o seu talento no chão. Veja, aqui está o que lhe pertence'."

"O senhor respondeu: 'Servo mau e negligente! Você sabia que eu colho onde não plantei e junto onde não semeei? Então você devia ter confiado o meu dinheiro aos banqueiros, para que, quando eu voltasse, o recebesse de volta com juros.

'Tirem o talento dele e entreguem-no ao que tem dez. Pois a quem tem, mais será dado, e terá em grande quantidade. Mas a quem não tem, até o que tem lhe será tirado. E lancem fora o servo inútil, nas trevas, onde haverá choro e ranger de dentes'."

O versículo 25 (evidenciado) desse ensinamento de Jesus, mostra o medo desse servo, que não soube fazer bom uso do Talento que de graça recebeu. Algumas reflexões que devemos tirar desse ensinamento:

- Será que estou negligenciando da mesma forma que esse Servo, por causa desse medo interior de errar?
- O medo me faz perder oportunidades de mostrar minhas potencialidades?
- Por quanto tempo serei esse ser escondido, com medo de tudo e de todos?
- Se os outros tiveram capacidade, por que eu não tive?
- Por que me inferiorizo e não me sinto capaz?
- Por que tomo decisões baseadas no medo?
- Por que sou assim? Medroso, vergonhoso, tímido?
- Tenho medo das pessoas. Tenho medo que vejam minhas falhas. Por que sou assim?

Esse medo nos aniquila, inferioriza e destrói. O medo de errar e falhar é maior e nos faz renunciar à nossa própria capacidade.

Entretanto, saiba que no ensinamento desta Parábola, cada um recebeu seu respectivo Talento e a decisão do que fará com ele cabe a cada um tão somente. Essa é uma decisão individual, mas à frente serão cobrados diretamente pelos resultados que deveriam ter produzido e não produziram. E será cobrado mais pelo que não fizeram do que pelo que fizeram.

Alguns devem estar falando "Ah, pelo menos ele não perdeu o Talento que recebeu". Pois, certamente e muito provavelmente, o Mestre teria tido complacência do servo que tivesse perdido o Talento, mas que tivesse mostrado que tentou, que arriscou, que foi atrás, mas que por uma infelicidade ou outra causa, não conseguiu e ainda perdeu aquele Talento dado.

"É melhor arrepender-se por ter arriscado do que ser um frustrado eterno por não ter tentado". Frase de autor desconhecido. Lembre-se disso e não deixe de se lançar nas oportunidades, acreditando em seu potencial e capacidade.

Talvez você erre, não obtenha o sucesso planejado, colecionando mais uma história e aprendizado. Mas o impossível pode acontecer e você acertar e colher os frutos dessa vitória, conquistada palmo a palmo por você.

Levanta-te e sai em busca da solução do "mal" que te aflige e prepara-te para o Trabalho Redentor. Nada é maior do que a sua vontade!

Caso todas as iniciativas adotadas não surtam efeito, pode-se e deve-se procurar ajuda de terceiros e se submeter a um programa de tratamento e treinamento. Mas cabe ao indivíduo – somente a ele – a tomada de decisão e o pontapé inicial e, posteriormente, seguir disciplinadamente o programa (não adianta fogo de palha nesta caminhada).

EU QUERO, EU POSSO, EU CONSIGO!

Já falamos sobre a PNL - Programação Neurolinguística e da importância de se autoprogramar, ativando o cérebro naquele sentido e propósito, sobretudo quebrando preconceitos, paradigmas e barreiras limitantes.

Esse título não se trata de um mantra que se deve ficar repetindo por repetir. O treinamento passa, necessariamente, pela repetição verbal, pela leitura do mesmo no espelho do banheiro, na geladeira, na lousa ou em qualquer lugar. Mas de nada adianta ficar repetindo-o se não há uma real proposta interior de mudança e melhoria contínua. É o fogo de palha, mencionado anteriormente.

Até onde você quer ir? O que você quer construir? Que legado você quer deixar para as pessoas que o amam?

Se ainda não parou para pensar nessas questões, é tempo de começar a se mexer nesse sentido.

Como quer ser lembrado? Qual imagem quer que seus amigos, parentes, irmãos, filhos e pais tenham de você?

O problema daqueles que não se sentem capazes de realizar, seguir adiante ou conquistar algo é que nunca pararam para pensar nessas questões, levam a vida vendo a "banda a passar".

Para quem deseja vencer, a definição "do que quer e como quer" é o começo de tudo. Agora, se quer continuar vendo a banda passar, boa sorte! Paramos por aqui.

Nesse propósito, irei relembrá-los e ressaltar o estudo sobre os Reflexos Condicionados, pois as crenças limitantes são os grandes obstáculos e para seguir adiante precisamos tê-los mapeados e os ressignificados dentro de nós revistos. Não podemos voltar ao passado e não é o foco do nosso estudo (recomendo a orientação de um profissional nesse tratamento), mas podemos entender o contexto onde os reflexos condicionados aconteceram e redefinir nossa mente, retirando esse limitante do nosso ser. Se não houver esse esforço de nossa parte, todo problema que aparecer será um evento insuperável, representando as famosas "pedras do caminho". Pedras que para uns são as verdadeiras barreiras limitantes que os impedem de seguir adiante. Ficam de frente para as "pedras" (simbolizando os problemas que aparecem em nossas vidas), chorando, resmungando, senão até blasfemando, e na maioria das vezes, buscando um culpado. Resumindo para não nos alongar, essa mesma pedra será a base estrutural da casa de outros tantos, pois todas as vezes que aparecerem em seu caminho, irão enfrentá-la, quebrá-la e usá-la na edificação de seus lares. Outros, como as crianças, brincarão com essas pedras, escondendo-se e usando-as como passatempo.

Em qual grupo você quer estar? A decisão é sua.

Lidar com suas crenças limitantes é fundamental, para que elas não sejam os seus próprios algozes (lutando contra você mesmo, derrotando-o já no início da batalha) na medida que você tenha que enfrentar as "pedras do caminho".

Uma vez que você já tenha consciência dessa crença limitante é plenamente possível trabalhar na sua reprogramação mental, ressignificando-a interiormente, como vimos em Reflexos Condicionados.

O "QUERER" o impulsiona para a conquista de algo, fortalecendo dentro de você a mola propulsora da vontade. Quando você desencadeia a crença do eu "POSSO", uma nova perspectiva se estrutura dentro de você e neurologicamente as habilidades vão aparecendo, senão se estruturando, por meio de reações químicas que lhe transformam numa pessoa confiante, vibrante e tenaz. Uma pessoa hábil a aprender e a realizar, quebrando paradigmas e preconceitos. Tudo isso reunido, constrói a certeza e a convicção de que você "CONSEGUE".

Mesmo que o êxito não tenha sido pleno e que o resultado atingido não tenha ficado dentro do esperado, isso tudo será parte do processo da busca constante e sem limites, se me permite o neologismo – ilimitante.

Com essa proposta em mente e sendo trabalhada dentro de você, todas as vezes que os Reflexos Condicionantes, por meio das ações limitantes, rodarem seu subconsciente, tentando te trazer para o status quo, ou seja, para o padrão anterior, seu consciente vai trazer à tona o treinamento e a reprogramação aos quais está sendo submetido e limitará o retorno, mantendo-se no processo. Por isso a importância de se verbalizar, ler e falar sempre:

EU QUERO
EU POSSO
EU CONSIGO

Mesmo com as metas e objetivos traçados e a reprogramação mental sendo executada disciplinadamente, não estaremos isentos dos altos e baixos de todo o processo e haverá momentos de pura desilusão, insatisfação com os resultados e de negação da continuidade. Lembre-se do "Fogo de Palha". Você não quer ser um desses que só começa e não termina nada, não é verdade?

Se afirmações como essas virem à tona, tais como: "Não tenho capacidade para isso". "É muito difícil". "Pensei que seria diferente, mas não está dando certo ou não está sendo como o esperado". É momento da prática da paciência, resignação e caridade consigo mesmo. Não seja radical e não queira ser o invencível e insuperável. Essa atitude poderá te machucar mais ainda, atrapalhando todo o processo. Tenha em mente que esse processo é cheio de altos e baixos e que também somos feitos de fraquezas.

Entretanto, apesar disso tudo, não esmoreça, se isso está acontecendo é sinal de que você está na fase da superação, aguente mais um pouco, fortaleça o processo da PNL e da ressignificação dos seus limitantes. Acredite e reinvente-se! Porque:

EU QUERO
EU POSSO
EU CONSIGO

AUTODOMÍNIO

Seguindo essas recomendações, atingiremos o tão almejado autodomínio. Autodomínio que durante as primeiras aulas e apresentações requererá uma didática, dedicação e prévia preparação psicológica, introjetando e permeando internamente tudo isso que já abordamos. A execução dessa tarefa é importante para a disseminação da Boa Nova, para você e para todos aqueles que participarão da aula ou apresentação.

Acalmar-se, relaxar e entregar-se de forma espontânea e natural ao compromisso é a base para um bom desempenho.

A segurança psicológica, evitando as fobias e elaborando as ressignificações dentro de você, passa pela adequada preparação do tema, por meio da pesquisa realizada, do estudo dedicado e do ensaio. Devemos conhecer da melhor maneira possível o assunto em pauta, e sempre nos abastecer com material em excesso – lembra quando falamos de Plano B – Contingência, no capítulo 5 - Qualidades da Oratória? Tenha material e conteúdo em excesso, isso não atrapalha. O que é terrível é a falta de conhecimento ou subsídios, pois geram inseguranças perceptíveis ao público, bem como a tendência de nos levar ao superficialismo ou personalismo da mensagem.

A prece e a vivência natural do que se prega são fatores primordiais para que a vida de Expositor seja agradável, verdadeira no que se diz e evolutiva na experiência.

É muito importante que saibamos que pequenos "picos" de tensão são comuns e nestes casos devemos utilizar recursos fáceis de serem aplicados. A prece é básica e nos leva à harmonização interior e estreitamento dos canais inspirativos, trazendo a serenidade e a calma tão almejadas e necessárias nesses momentos. Não abra mão de se ligar com o seu Mentor, com o Mentor da Tarefa (Escola, Turma, Casa Espírita, etc.), buscando sempre colocar-se como ferramenta e instrumento na mão desses benfeitores espirituais.

Exercícios respiratórios também são valiosos por meio da chamada respiração diafragmática (com a barriga, em vez do tórax) de forma lenta, pausada. Isso ajudará a diminuir a tensão nervosa e o fluxo sanguíneo na região do gástrico, equilibrando o emocional.

Tenha confiança e serenidade, você estará a trabalho do Cristo, como os Discípulos, Apóstolos e tantos outros Missionários estiveram. Essa Atividade é uma Missão que nos convoca ao Labor – e não fomos nós que a escolhemos – por reconhecer dentro de nós os atributos e habilidades necessários para levá-la a cabo.

Não desanime e nem se amedronte com os “baixos”, com os medos e insucessos de percurso, tudo isso é humano, é natural e só vem honrar, valorizar e dignificar o trabalho. Trabalho Redentor!

19

RESPONDENDO PERGUNTAS CONSIDERADAS DIFÍCEIS

"O Silêncio é a Verdadeira Sabedoria e a melhor resposta."
Eurípedes

Por mais que tenhamos previsto a possibilidade de ocorrer algumas perguntas, sempre que uma mão se levanta no meio da sala ou da plateia é uma incógnita, literalmente um ponto de interrogação que surge em nossa frente. Não sabemos o que pode vir!

Esse tipo de possibilidade causa certo furor e receio em muitos Expositores experientes, quanto mais naqueles que estão começando na estrada.

Em algumas de nossas apresentações ou aulas, nem todos os alunos e ouvintes estarão receptivos e, no extremo, pode inclusive haver pessoas provocativas e até mesmo, se o tema for complicado ou controverso, de postura hostil. Essas pessoas podem desestabilizar uma apresentação ou aula, afetando o equilíbrio de quem está falando e criar um ambiente tenso, senão desarmonioso.

É importante, sobretudo, que o Expositor se mantenha calmo, procure agir com cautela, sem demonstrar reações emocionais ou, pior ainda, como já assisti, reações passionais. Eu estava num evento, o tema era de certa forma controverso e o Expositor sentiu-se ofendido pela colocação (não foi nem pergunta) feita por um dos ouvintes e posicionou-se virilmente contra a pessoa que se manifestou. Foi bastante constrangedor.

Mesmo que você discorde da opinião ou da pergunta, devemos estar preparados para esse tipo de ocorrência. Por isso, procure manter a compostura, serenidade, calma e foco.

É necessário entender que existem pontos de vistas e opiniões diferentes e divergentes. O respeito deve, em princípio e sempre, partir do

Expositor. Deve-se entender qualquer colocação como um ponto a se abordar e nunca um embate pessoal entre você e a pessoa que o formulou. O debate é das ideias e não das pessoas. Lembre-se de revisar o que já falamos na Parte 2, capítulo 11, item: A Arte do Debate.

É preciso se concentrar nos fatos e no objetivo a ser alcançado com sua apresentação ou aula, e não se descontrolar com as pessoas que estão fazendo perguntas ou colocações difíceis ou capciosas. Quem pergunta ou se manifesta pode até ser ou parecer hostil, mas você, como Expositor e, sobretudo, representando a Doutrina Espírita, falando da Boa Nova, precisa e deve ser respeitoso, fraterno e solidário.

Se você não se sente confortável com as perguntas e com as eventuais interrupções durante a sua apresentação, uma boa saída para mitigar essa situação é já no início da sua apresentação, sair com o seguinte aviso:

"Gostaria de pedir que as perguntas e eventuais opiniões sobre o tema fossem feitas ao final. Se houver muitas interrupções, podemos perder conteúdo, pois o tempo é escasso. Conto com a atenção de todos."

Pronto, você já cerceou o direito de alguns participantes levantarem a mão, durante a apresentação.

Evidentemente, essa não é a melhor conduta de um Expositor Espírita, que deve primar por estimular a participação dos alunos e ouvintes, exceto quando tecnicamente não for recomendado, por exemplo, em palestra aberta ao público e preleções em geral.

De modo geral, não teremos problemas com as perguntas, não devemos superestimar as dificuldades, pois serão exceções à regra. Na verdade, não me lembro de nenhuma situação em específico que tenha ocorrido comigo, para compartilhar com vocês.

Os participantes acolhem e valorizam atitudes de respeito, simpatia, serenidade e compreensão por parte dos Expositores. Ao manter-se sereno e receptivo frente às perguntas ou colocações de qualquer tipo, inclusive as adversas, você estará conquistando a simpatia da "plateia". A coisa só se inverte se o Expositor não valorizar a colocação ou pergunta, manter uma postura de soberba, de superioridade e estímulo desnecessário à rivalidade. Com esta conduta, perde-se a confiança e credibilidade do público e passará a ser desafiado, provocado, sabatinado, testado, chegando até a ser hostilizado pelo mais calmo dos participantes. Nunca, jamais, em momento algum, por mais que sejamos provocados, devemos menosprezar alguém pelo fato de ter feito perguntas indevidas, com observações depreciativas ou algo similar. Ao agirmos assim, poderemos ser tomados por alguém prepotente, arrogante e angariar a antipatia da plateia.

MOTIVOS DAS PERGUNTAS

Entender o real motivo que leva uma pessoa a fazer uma pergunta é importante, pois nos auxiliará a verificar se a pergunta é motivada por dúvida, pela vontade de esclarecer um ponto específico, pelo interesse em aprender e registrar o conteúdo ou, na outra extremidade, pela necessidade do participante em se destacar sobre os demais, ou ainda, pela divergência de conceito e ponto de vista como já vimos anteriormente, fazendo colocações ou perguntas capciosas, difíceis ou mesmo hostis.

Uma pergunta levantada em momento adequado da aula ou apresentação ajuda a promover o entendimento e a ampliar a compreensão de todos, inclusive do orador – quantas vezes uma colocação ou pergunta não se torna tema fixo e se incorpora ao vocabulário ou conteúdo da apresentação? Diria que muitas! Cada aula, cada Turma, um novo aprendizado!

Entretanto, o oposto é também e plenamente verdadeiro, uma pergunta sem nenhuma relação com o assunto apresentado, inadequada e fora do objetivo traçado, poderá tirar o foco da aula e da apresentação, deter-se na mesma poderá prejudicar o andamento natural e tranquilo da apresentação.

Vejamos alguns motivos que levam as pessoas a fazerem perguntas:

1. Não compreende perfeitamente o que está sendo transmitido e necessita esclarecer aquele ponto em específico;

2. Por vontade de aprender e reter o conteúdo recém-explicado, geralmente incorpora a resposta ou parte da mesma à pergunta;

3. Quando assimila as informações fornecidas, mas deseja ampliar o conhecimento sobre o tema ou item abordado;
4. Quando possui outras informações sobre a matéria e quer compartilhar as mesmas;
5. Para demonstrar que prestou atenção à apresentação e acompanhou todo o raciocínio do orador;
6. Quando deseja ser notado pelas outras pessoas que compõem a aula ou apresentação, registrando a sua presença;
7. Quando deseja demonstrar que é uma pessoa inteligente. Geralmente faz uma pergunta genérica precedida de uma afirmativa;
8. Para projetar e valorizar a sua imagem, independentemente de ter entendido ou não o tema;
9. Quando necessita destacar-se entre os demais por sentir-se mais preparado e conhecedor do assunto;
10. Para testar os conhecimentos de quem fala, certificando-se da segurança do orador sobre a matéria;
11. Quando deseja, deliberadamente, atrapalhar o desenvolvimento da apresentação por causa da hostilidade que nutre contra o tema ou contra o próprio expositor.

Atentar-se a esses motivos nos auxiliarão a entender a individualidade que existe numa plateia e diferenciar as pessoas e seus reais e respectivos interesses. De certa forma, essa análise nos aproximará de todos e nos trará mais conforto e segurança ao receber uma pergunta.

ENFRENTANDO AS PERGUNTAS

Sendo a pergunta apropriada ou não, devemos nos colocar com serenidade e respeito diante da mesma. É importante ouvi-la atentamente até o final – salvo exceções onde a pergunta se transforma numa dissertação, circunstância na qual deveremos interromper a pessoa, solicitando que finalize a mesma – não alterar nossa fisionomia e nos manter atentos e interessados em responder os questionamentos do ouvinte.

Caso a pergunta seja sobre algo que não tenhamos a resposta de imediato ou que requeira uma meditação de nossa parte, uma saída é repeti-la, mostrando que entendemos a mesma e, como efeito colateral, auxiliando o público a compreendê-la melhor. Na verdade, essa é uma técnica muito usada por Expositores experientes para dar tempo à nossa mente para poder recuperar a informação necessária à construção dos argumentos objetivos para a efetiva resposta. Tomar um pouco de água, realizar algum comentário sobre as instalações ou afins, também geram tempo para que a sua mente trabalhe na resposta adequada. O importante é que você dê tempo ao seu cérebro para organizar os argumentos necessários e pertinentes para uma resposta coerente, direta e objetiva, sem rodeios.

Se a pergunta, de certa forma for hostil em relação à nossa pessoa ou ao tema tratado, ao repeti-la devemos reformulá-la mantendo a calma, procurando substituir as expressões agressivas, suavizando o ataque e tornando-a mais amena, assim a resposta já terá uma base menos rude e será conduzida de forma que evite o confronto com a pessoa que formulou a pergunta. Agindo dessa forma, além de mostrar para o público serenidade, respeito e fraternidade, demonstraremos confiança, tranquilidade e, sobretudo, maturidade. Um passo certo na direção de se "ganhar a plateia".

É fundamental agir como uma pessoa experiente, não é recomendável demonstrar as suas fragilidades diante dos ouvintes, especialmente quando se recebe uma pergunta. É preciso passar a imagem de confiança, de dono da apresentação, de estar relaxado, à vontade e no controle de suas emoções.

Sempre que receber uma pergunta, pergunte o nome da pessoa, acene assertivamente com a cabeça enquanto ela fala, incline o corpo ligeiramente para frente, olhe nos olhos da pessoa e, se possível, aproxime-se fisicamente dela (não ao ponto de tocá-la). Sorrir é algo também indicado, mas cuidado – nada de gargalhadas e aquele sorriso falso estampado no rosto.

Caso seja uma pergunta simples e até ingênua, devemos evitar o "risinho" de ironia ou até mesmo de menosprezo e sempre termos uma resposta que encoraje a novas questões.

Após a pergunta, e antes de iniciar a resposta, é de bom tom agradecer a quem elaborou o questionamento e incentivar outras participações. Deve-se enaltecer e elogiar a pergunta efetuada, dizendo alguma coisa nestes termos.

Vejamos:

- "Muito boa essa pergunta."
- "Pergunta oportuna e inteligente..."
- "Pergunta adequada para o momento que me permite..."
- "Foi muito importante o senhor(a) ter levantado esta questão, porque assim me dá a oportunidade de esclarecer alguns pontos relevantes..."
- "Essa pergunta agrega valor ao tema, agradeço mais uma vez a sua participação..."
- "Muito importante o(a) Sr(a) abordar esse tema..."
- "Bem colocada essa pergunta..."
- "Boa, muito boa! Veio na hora certa."
- Outras frases de efeito.

Entretanto, cuidado para não repetir o mesmo elogio para todas as perguntas. Isso pode demonstrar falsidade de sua parte.

Após ter elogiado a pergunta, conforme sugestões acima, devemos iniciar a resposta olhando na direção de quem fez o questionamento; em seguida nossa comunicação visual tem de ser distribuída para todos os ouvintes, para que fique claro que a explanação é feita para a plateia em geral e, no momento de encerrar, devemos voltar a falar na direção do autor da questão, indicando com essa atitude que a sua pergunta foi respondida, se preferir pode perguntar se respondeu a pergunta, se ele se deu por satisfeito, algo nesta linha.

QUANDO NÃO RESPONDER É O MAIS SENSATO

Tem uma frase atribuída à Abraham Lincoln que diz:

"É melhor permanecer em silêncio e deixar que pensem que você é tolo, do que falar e acabar com a dúvida."

Pense bem, pois não precisamos responder a todas as perguntas formuladas. Não precisamos ser os sabichões com respostas na "ponta da língua" para todos os questionamentos. Evite a todo esforço e sempre, sem exceção, demonstrar sabedoria e superioridade, caindo na cilada do orgulho e da vaidade. Não há necessidade desse tipo de comportamento em nosso meio, aliás, ele só depõe contra tudo aquilo que temos que testemunhar e exemplificar em nossas aulas e apresentações, que são, entre tantas outras virtudes – humildade e honestidade de valores e princípios. Somos todos Aprendizes!

Se não for possível, prudentemente, formatar uma resposta adequada e baseada em referências doutrinárias ou nas obras clássicas e complementares, não responda. Simples assim!

É melhor pedir um tempo para responder do que fazê-lo só porque fomos "desafiados" a responder.

Faço um aparte aqui para nos lembrar do CUEE – Controle Universal do Ensino dos Espíritos (parte 2, capítulo 7) e da Teoria da Interpretação, quando falamos da irresponsabilidade da prática da Eisegese (parte 2, capítulo 9), erro terrível cometido por alguns expositores que caem na cilada de serem os sabichões, nominando conceituações de sua criação para autores consagrados, distorcendo os princípios básicos da Doutrina, com o intuito de demonstrar deterem conhecimento amplo e vasto. Os argumentos da resposta formulada com base na teoria deles podem até parecer fortes e aderentes o suficiente (como costumo dizer – param em pé!), mas não podemos dar a eles a origem de terceiros, expoentes da Doutrina, com o intuito de dar autoridade e credibilidade à resposta, tendo o único e fútil objetivo, que é o de nos dar o ar de superioridade que a vaidade e o personalismo nos inclinam a buscar. Isso, mais que futilidade, é leviandade e irresponsabilidade. Seremos cobrados na medida que a palavra lançada provoque os danos de entendimento dos ensinamentos da pureza da Codificação naquelas almas que acabaram de ser vítimas dessa ação.

Portanto, com a consciência iluminada pelos Princípios e Ensinamentos Cristãos, se não encontrarmos (de nenhuma maneira) a resposta coerente e apropriada para a questão, para o benefício de todos, inclusive o nosso e para o bom resultado da apresentação, temos que ter a lucidez, a humildade e a assertividade de não dar a resposta, e de uma forma delicada, firme e sem nenhum temor ou melindre, dizer que não temos a resposta para o momento. Assuma o compromisso de pesquisar e, em seguida, encaminhar a resposta pertinente. Isso é tão lindo. É a exemplificação da humildade e de tudo aquilo que viemos trazer para a aula e apresentação. A soberba deve ser combatida e evitada. Querer ser o dono da verdade, com respostas para tudo pode ser uma grande armadilha.

Não há necessidade de lançar mão de subterfúgios usados em apresentações profissionais, onde o diferencial está justamente no ar de superioridade e sabedoria que o Expositor assume e investe-se. Geralmente adotam saídas para essa situação dizendo: "a questão foge um pouco da sequência planejada para a exposição, mas que seria possível conversar sobre o tema ao final, depois de encerrar o evento" ou ainda "a resposta da sua pergunta demandaria certo tempo do qual não dispomos no momento, dada a quantidade de conteúdo a ser apresentado, caso queira, podemos conversar após o término". Enfim, não demonstram nenhum tipo de desconhecimento para o público em geral. Correm sério risco, mas acreditam que a pessoa que formulou a pergunta não irá procurá-lo após o encerramento. Senão – "*embromeation*"!

E SE NÃO HOUVER PERGUNTAS

Estamos nos preparando para a ocorrência de perguntas, mas e se o oposto ocorrer? E se ao final de nossa apresentação, quando abrirmos voluntariamente para a participação dos alunos e público, não houver nenhuma manifestação? De repente um silêncio aterrorizador, as pessoas desviando os olhares de você, se coçando, ficando com "cara de paisagem" e nada acontecendo.

É uma situação bastante constrangedora e desagradável, para ambos os atores, de um lado o expositor insistindo com os alunos e ouvintes para que façam perguntas e, do outro, os participantes parados, quase que inertes – apesar de se sentirem desafiados – sem a mínima vontade de perguntar. Alguns até olhando para o relógio...

Às vezes, até como atitude de solidariedade, um Ser iluminado aparece e levanta uma questão sem nenhuma ligação com o assunto.

Como orientação sobre este tipo de situação, recomendo que devemos perguntar uma ou no máximo duas vezes, se alguém deseja levantar alguma questão pertinente à apresentação ou aula. Se ninguém se manifestar e ainda tivermos tempo, podemos sair com essas dicas, que subliminarmente podem induzir os alunos, estimulando-os à participação, por exemplo:

- Vocês devem estar se perguntando...
- Uma pergunta que me fazem com frequência é...
- É interessante que...

Dessa forma você eliminará o silêncio da falta de perguntas e ocupará o tempo restante e, quem sabe, poderá aparecer uma ou outra pergunta!

PERGUNTAS INADEQUADAS E MAL DIRIGIDAS

Essa situação é o contrário daquilo que abordamos até o momento neste capítulo. Não serão os alunos ou algum participante na plateia e sim o próprio Expositor quem fará a pergunta e a mesma ou será inadequada para o ambiente ou mal dirigida, não sendo formulada de maneira clara, que facilite o entendimento, ou direcionada para o público e pessoa errada.

De repente, do fundo da sala, meio silenciosamente, sai uma resposta que nos desequilibrará.

Vejamos a pergunta e a potencial resposta:

- "Gostaram da aula?" Resposta: "Não".

No afã de obter algum *feedback* sobre sua performance, o Expositor, ainda inseguro, lança essa pergunta ao final da aula ou apresentação e sem esperar vem a resposta de alguém que "não se encontra nos melhores de seus dias" ou de outro que "não sabe mentir e calar-se!" Pronto. Perguntou o que não devia, ouve na lata o que não quer. E agora? Contornar essa situação, criada pelo próprio Expositor, será difícil.

Sugestão como resposta: "Opa! Agradeço a sinceridade. Prometo que irei melhorar." Ponto final.

Não pergunte mais nada, na tentativa de querer entender publicamente onde você errou. Quanto mais mexer, já sabe...

Se julgar pertinente, ao final, quando todos estiverem se despedindo, chame a pessoa à parte e peça a ela que detalhe o motivo pelo qual avaliou sua aula/apresentação ruim, justamente com objetivo de implementar as melhorias necessárias. Será um sinal e, mais do que isso, testemunho de humildade, sendo percebido e valorizado por todos.

Caso queira obter uma avaliação sobre sua performance, com o objetivo de implementar as melhorias indicadas, entregue um questionário para os participantes responderem e recolha ao final da aula.

• "Estudaram a aula?" Resposta: "Não"

Não é recomendado perguntar se estudaram a aula. Isso é de responsabilidade e competência do dirigente ou coordenador do curso.

Sugestão como resposta: "Seria interessante a leitura, mas nada que não possamos ver por aqui, durante a aula."

Ao Expositor, cabe apresentar as suas conclusões em relação ao tema, objeto da aula, detendo-se exclusivamente ao mesmo e usando como referência o livro adotado na sala de aula, a fim de ter aderência com o conteúdo do mesmo. Claro que deve buscar outras referências por meio de suas pesquisas e adicionar a experiência vivenciada, enriquecendo o aprendizado.

20

VIVÊNCIA DO APRENDIZADO

"É fazendo que se aprende a fazer aquilo que se deve aprender a fazer."
Aristóteles

No capítulo 10, falamos sobre o Método de Ensino e Aprendizagem, entendendo todos os aspectos relacionados desde a Educação, os vários processos de se transferir o conhecimento, na busca por uma aprendizagem efetiva e geral, até entender como ocorre a retenção desse conhecimento no Ser.

Agora abordarei a questão prática da proposta que entendo ser a melhor e mais adequada para se levar para uma apresentação ou sala de aula.

Rememorando a Regra 7-38-55 relativa à comunicação onde:

- **7%** da comunicação é baseada nas palavras que realmente expressamos,
- **38%** vêm do tom de voz usado, ou seja, da expressão vocal, e
- **55%** baseia-se na linguagem corporal.

Atentar-se para a linguagem corporal é relevante, pois representa mais da metade do entendimento da comunicação pelo receptor. Movimentar-se, alterar propositadamente o tom de voz, estabelecer vínculos por meio do olhar e do se expressar é preponderante e de suma importância para que a sua aula e/ou apresentação sejam efetivas e tragam os benefícios previstos e contidos no conteúdo.

Baseado no estudo relativo à Retenção da Aprendizagem, temos que decorridos 2 semanas após a aula ou apresentação, o aluno ou ouvinte retém o conteúdo nessa seguinte escala:

- 10% o que LÊ
- 20% o que OUVE
- 30% o que VÊ
- 50% o que OUVE e VÊ
- 70% o que FALA
- 90% o que FALA e FAZ

Este estudo é corroborado por outro que aborda a questão do esquecimento, denominada a Curva do Esquecimento que diz que em geral esquece-se de:

- 50% do conteúdo logo após 1 dia do estudo
- Quase 100% em até 30 dias após o estudo

Não é intuito deste livro apresentar os conceitos teóricos destas ciências, pretendo apenas resumir as mais significativas conclusões das mesmas, especificamente no que se refere à aplicação de aulas e apresentações dentro da nossa Doutrina, para que se possa entender o contexto geral e, ao aplicar os mesmos, saber o porquê e o objetivo a ser alcançado. Desta forma, o Expositor Espírita deixa de ser objeto e passa a ser sujeito ativo no processo de disseminação do Conhecimento de modo geral.

Alinhando a Regra 7-38-55 (já mencionada), com as premissas contidas no estudo relativo à Retenção da Aprendizagem de Edgar Dale e da Curva do Esquecimento de Ebbinghaus, chega-se à clara e nítida conclusão de que a melhor aula será aquela onde o Expositor ou Palestrante, resguardadas as devidas limitações de espaço e participantes, utilize:

- De recursos multimídias
- Da linguagem corporal e
- Leve os alunos para uma efetiva participação por meio de várias atividades lúdicas que podem e devem ser aplicadas numa sala de aula e, claro, não devem ser aplicadas durante uma palestra pública.

Por isso, ressalto a importância do sentimento, já tratado no capítulo 15 – A Pirâmide Ideal da Apresentação. Quando se leva para a aula a vivência, deixando de ser teórico, há um salto qualitativo relevante e importante no processo – onde a aula será a "Aula".

Como já mencionado, tudo no Expositor estará dando o testemunho daquela experiência. O olhar, o gesticular, o balé do corpo, a voz, tudo terá total e completa aderência ao conteúdo da apresentação e a aula será a verdade vivenciada pelo Expositor.

A aula terá uma energia vibrante e contagiante, havendo total e plena empatia com todos os presentes, criando um momento ímpar de trocas de experiências, onde o aluno será envolvido nessa energia, que o encorajará e/ou o estimulará às reflexões necessárias para o seu despertar.

Há mecanismos e metodologia que auxiliam no atingimento desse objetivo. As dinâmicas e as suas mais variadas possibilidades são ferramentas que se deve usar sempre que possível nas aulas.

DINÂMICAS DE GRUPO

As dinâmicas de grupo conseguem unir, numa só atividade, todos os requisitos necessários para que a absorção e retenção do conteúdo sejam efetivas e perene no Ser.

Contribuem e, como pode-se ver na prática, são essenciais para uma melhor fixação dos objetivos das aulas. Auxiliam também vários processos dentro da sala de aula, por exemplo:

- Aproximam e tornam íntimos os participantes que, de modo geral, numa aula expositiva, não têm muito contato uns com os outros. Aproximam os distantes.
- Promovem um processo de abertura às experiências, proporcionando momentos valiosos no íntimo daqueles que necessitam exporem-se ao próprio "eu".
- Ao reduzir o espaço e aproximar as pessoas, minimizam as fobias e podem atuar internamente auxiliando na sua própria superação.
- Facilitam a exposição de opiniões, pois retiram o medo da grande crítica.
- Proporcionam espaços para vivência em grupo, tão difícil na atualidade devido ao hiper-subjetivismo das redes sociais.
- Promovem espaço para o autoconhecimento.

Dinâmicas de grupo também possibilitam:

- Exercício de escuta e acolhida da opinião do outro.
- Percepção do todo e das partes, da vida e da realidade.

• Desenvolvimento da consciência crítica, auxiliando na tomada de decisão de modo mais consciente e objetivo.
• Sistematização e entendimento coletivo de conteúdo, sentimentos, percepções e experiências.
• Construção coletiva do saber.

Independentemente do tipo de aula e de seu conteúdo, a utilização de dinâmicas sempre contribuirá para despertar a atenção e aumentar o interesse do aluno, auxiliando a quebrar "as barreiras" e a distância entre os fatos relatados na aula e o eu. E com isso já atende à Regra 7-38-55 e à Retenção da Aprendizagem de Edgar Dale, o que minimizará os efeitos do conceito da Curva do Esquecimento de Ebbinghaus. Vejam só!

Lembre-se que na estrutura da aula, quando aplicar uma dinâmica,deve-se dar espaço para a introdução ou explanação do tema, o seu desenvolvimento (aí cabem os exercícios, desde que bem aplicados e aderentes com o tema), o tempo de reflexão individual e coletiva (troca de experiências no campo interior e exterior), encerrando com a fixação dos valores e conceitos transmitidos e adquiridos, portanto, a dinâmica não se encerra por si só. Há necessidade de o Expositor finalizar a aplicação, ressaltando os objetivos que foram alcançados ou que eram almejados, ou seja, subliminarmente, direcionar o entendimento e fixação dos ensinamentos para essa reflexão final.

Vem aqui um alerta: É um erro considerar-se a aplicação de uma dinâmica ou uma atividade de grupo como sendo o início, o meio e o fim de uma aula. Isso normalmente acontece quando não há preparação adequada do tema por parte dos Expositores para abordagens mais profundas, lançando mão do recurso da dinâmica como atividade condutora da aula. Essa atitude poderá deixar a aula na superficialidade do conteúdo.

A aplicação da dinâmica, dependendo do enfoque, pode criar um ambiente de brincadeira, o que deve ser controlado e eliminado. Os exercícios devem mexer com a emoção, com o indivíduo, "chacoalhar" seu campo de visão do mundo, levando-o para reflexões que o tirem do *status quo* e não ser momento de extroversão.

O objetivo de uma atividade lúdica, além daqueles relacionados ao conteúdo, é criar ambiente aberto, fraterno e alegre.

O sucesso da aplicação de uma dinâmica depende de vários elementos, entre eles destaco:

• **Quanto aos participantes:** Suas necessidades, interesses, suas expectativas e sentimentos em relação ao assunto da aula. Avaliar o tamanho do grupo. Verificar idade, quantidade e casos especiais, tais como dificuldade de locomoção, audição, visão e, também, o analfabetismo, entre outros aspectos.

• **Quanto ao ambiente material:** Condições físicas do ambiente, por exemplo iluminação, voltagem (se só for 220V?), dimensões da sala, disposição das mesas e cadeiras, presença ou não de material didático e audiovisual disponível, etc.

• **Quanto à complexidade da matéria:** É necessário definir limites razoáveis dentro da capacidade de compreensão e assimilação dos alunos, adotando um linguajar aderente e adequado.

Aspectos práticos a serem observados:

1. Organização e domínio da aula: O Expositor é responsável pelo desenvolvimento da aula e por equacionar, com bom senso todos os assuntos relacionados à aplicação da dinâmica, tais como: Extensão do assunto, profundidade, técnica, número de participantes, nível de participação, detendo-se sempre ao tempo disponível. Não é porque será uma dinâmica que o Expositor poderá exceder o tempo disponibilizado.

2. Objetivos e contexto da aula: A aula sempre faz parte de um programa, ou seja, de um planejamento. É necessário ter plena consciência dos objetivos da aula para não deixar de cumpri-los nem avançar no objetivo de outras aulas do programa. A dinâmica deve atender aos objetivos precípuos da aula.

3. Preparação da aula: Além da preparação em relação ao estudo para domínio do assunto, o expositor deverá ter pleno domínio do emprego das técnicas da dinâmica. Conhecer todos os passos da dinâmica para aplicá-los com segurança.

4. Saber que é apenas um instrumento dentro do processo a ser desenvolvido e que é agente ativo para criar um clima de espontaneidade, estimulando a participação de todos.
5. Observação individual de cada participante e valorização de toda participação e voluntariado.

Tudo que foi citado acima deve ser considerado na escolha da técnica da dinâmica mais adequada. Algumas técnicas ajustam-se melhor quando se deseja transmitir informações novas, outras para motivar a reflexão, outras ainda para suscitar a participação pela apresentação de opiniões individuais no grupo, como veremos a seguir, estudando os tipos de dinâmicas existentes e suas finalidades.

TIPOS DE DINÂMICAS E SUAS FINALIDADES

Cada dinâmica deve ter um objetivo, ou seja uma finalidade específica, a ser alcançado. O atingimento deste objetivo está intrinsecamente ligado à escolha da dinâmica a ser aplicada. Quanto mais aderente ao objetivo, maior a probabilidade de atingi-lo e obter sucesso no resultado esperado.

Vejamos a seguir, de forma geral, alguns tipos de dinâmicas e suas respectivas finalidades.

1. Dinâmicas de Apresentação ou Quebra-gelo: possibilitam aos participantes apresentarem-se, compartilhando com o grupo as primeiras informações a respeito de cada um, de forma criativa e descontraída. Geralmente nessa dinâmica estimula-se que o participante responda perguntas básicas ex.: Quem sou eu? Onde eu moro? Eu gosto de? Eu não gosto de? Meus sonhos são? Devem ser dinâmicas rápidas e de fácil execução.
2. Dinâmicas de Integração: procuram oportunizar um maior contato interpessoal entre os participantes. Neste tipo de dinâmica é possível uma observação da atuação individual e grupal, pois estimula-se uma troca mais expressiva nos relacionamentos, um diálogo

aprofundado que permite a cada membro expor ao grupo a visão que tem de si próprio.

3. Dinâmicas para Descontração e Relaxamento: têm por objetivo soltar o corpo, movimentar-se, animar-se em relação à posição ou situação em que se encontra. São adequadas em grupos onde não há interação grupal ou estão há muito tempo numa mesma posição ou atividade, demonstrando desatenção ou cansaço.

4. Dinâmicas de Expressão Emocional: são apropriadas para expressar sentimentos e emoções, proporcionam também uma visão de como os participantes se veem entre si. Neste tipo de dinâmica é comum surgirem fortes conteúdos emocionais que perpassam pela autoestima, preconceitos e valores pessoais, portanto, são dinâmicas que demandam uma grande habilidade do facilitador para serem conduzidas.

5. Dinâmicas de Comunicação: visam ampliar a percepção para as diversas formas de comunicação e pretendem desenvolver habilidades de comunicação e desenvoltura na captação e repasse de informações.

6. Dinâmicas de Atividade em Grupo: geralmente para resolver uma tarefa, possibilitando simular um ambiente de Atividade x Trabalho em grupo. Neste tipo de dinâmica é possível observar o comportamento individual e do grupo na resolução de uma tarefa ou problema. De acordo com o tema da dinâmica é possível verificar características individuais como, por exemplo, a flexibilidade, forma de interação, respeito, cooperação, comunicação, a capacidade de persuasão, liderança e o consenso. O *feedback* (retorno) é essencial para a mudança de comportamentos inadequados.

7. Dinâmicas Didáticas: facilitam a escuta e a observação, muito utilizadas para passar um tema, ou revisar matérias já estudadas. Clarificam, esclarecem dúvidas, proporcionam reflexão e aprofundamento de conteúdos e têm por objetivo o aprendizado pelos componentes do grupo. É uma forma de socializar o conhecimento.

8. Dinâmicas de união: propõem atividade em equipe, trabalho sob pressão, resultados, consenso entre outros. Objetivam fortalecer o trabalho em equipe e ressaltar a importância de cada um dos membros.

SUGESTÃO DE ALGUMAS DINÂMICAS

A relação abaixo não se encerra em si, há uma série enorme de outras opções que podem ser pesquisadas e aplicadas. O importante é estudá-las e dominá-las para que não tenhamos problemas no desenvolvimento das mesmas. De modo geral, não há dinâmica perdida na sua aplicação, sempre será um momento de confraternização e integração entre todos os participantes e alunos, como já dito. O que podemos é potencializar os seus efeitos, focando a sua aplicação para o alvo pretendido com a aula.

Vejamos alguns exemplos que podemos aplicar:

1. Simpósio: Reunir um grupo de expositores. Deverá apresentar aos alunos os expositores e os assuntos que cada um exporá. Ao término de cada exposição, resumir o assunto para a plateia. No fim das exposições, dar uma visão geral do tema, acatar perguntas e opiniões da plateia e dirigi-las aos expositores.

Recomendações: Os expositores participantes devem ter um limite de tempo bem definido, conhecer profundamente o assunto e ter bom domínio vocal.

2. Entrosamento entre equipes: Essa é uma ótima opção para "quebrar o gelo" e enturmar novas pessoas no grupo, que não se conhecem. Cada participante deve se apresentar dizendo o nome, a idade e uma curiosidade sobre ele. Você pode incluir mais perguntas, como "qual é o seu sonho?" ou "diga uma qualidade sua que comece com a inicial do seu nome".

Recomendações: O importante é incentivar o entrosamento entre eles e deixar o clima mais agradável.

3. Pinga-Fogo: Lançar o tema para o grupo; dar alguns minutos para que os elementos elaborem por escrito perguntas sobre o tema; convidar previamente expositores ou colaboradores conhecedores do assunto para responder as perguntas dos participantes; encaminhar oralmente as questões aos entrevistados.

Recomendações: Pré-selecionar as perguntas para que não fujam ao assunto. Ter certeza de que os convidados dominam o tema.

4. Trocas de Segredo: Essa dinâmica tem o objetivo de observar a empatia e a confiança entre os membros do grupo. Reúna os participantes (deve ser aplicada em grupos maiores. Sugestão: acima de 15 pessoas) e peça para que cada uma escreva um segredo, um defeito, vício ou mesmo um problema que não se sente confortável para falar em voz alta. Pedir para os participantes disfarçarem o máximo possível a letra para não serem identificados. Todos os papéis devem ser dobrados da mesma forma e depositados num local onde serão misturados e embaralhados. Tudo isso para garantir a confidencialidade.

Depois cada membro da equipe irá retirar um papel por vez, podendo ser por sorteio; ao retirar, deverá ler em voz alta o que está escrito e assumir aquele segredo como se fosse o seu. Deverá expor a sua opinião e propor soluções para o problema. A atividade termina depois que todos falarem e permite analisar se o participante consegue se colocar no lugar do outro ou não.

Recomendações: O expositor deve frisar que o ambiente é de mútua cooperação, devemos ser sinceros em nossas observações e opiniões sem, contudo, usar de expressões fortes e sem usar de franqueza exagerada para não ferir susceptibilidades.

5. Entrevista: Lançar um tema para o grupo, dar algum tempo para que os participantes elaborem perguntas sobre o tema; Sortear elementos que formarão 2 grupos, o de entrevistadores e o de entrevistados; proceder às entrevistas, o expositor poderá dar uma contribuição complementar.

Recomendações: Cuidar para que as perguntas e respostas não fujam ao tema, a entrevista deve ser feita em tom de conversa, os assistentes poderão, no fim, emitir opiniões sobre entrevistados e entrevistadores.

6. Dramatização: Lançar uma situação para o grupo; escolher alguns elementos para encenar estas situações; pedir a opinião dos assistentes sobre a situação; concluir o tema analisando a situação encenada.

Recomendações: A duração deve ser curta, indicada para uma introdução, a título de movimentação inicial para o debate ou ao final, como forma de fixação; usar em grupos que se conheçam há bastante tempo, em clima de mútua confiança e respeito.

7. Fórum: Lançar assunto controverso; convidar um elemento para defender um lado da questão; convidar outro elemento para contestar o tema, assumindo posição contrária; pedir aos demais participantes para se posicionarem a favor de um ou outro; concluir a discussão expondo os aspectos relevantes de cada opinião (não deverá menosprezar nenhuma das opiniões) para o objetivo da aula.

Recomendações: A plateia só poderá fazer a avaliação após o debate; o expositor deve controlar as manifestações evitando extremos e se for necessário fazer uma análise conjunta dos sentimentos do grupo; cuidar para não criar animosidades ou clima ofensivo.

8. Oposição de ideias: Lançar uma tese controvertida; formar dois grupos, pedir para um grupo defender a tese, pedir para o outro grupo atacar a tese, assumindo posição contrária; em certo momento inverter as posições (quem defendia passa a atacar e vice-versa). Ao fim, concluir selecionando os aspectos positivos ao aprendizado e crescimento do grupo.

Recomendações: Evitar polarizações e opiniões pessoais. Reforçar o propósito de reconhecer e aceitar a opinião do próximo.

9. Mesa Redonda: Disposição inicial do grupo todo em círculo, lançar um problema ou questão; procurar acatar as ideias de todos os elementos, escolher um redator para anotar as conclusões do grupo.

Recomendações: Respeitar todas as ideias; incentivar a participação de todos os elementos; controlar o tempo da discussão; é adequado que o assunto seja de conhecimento do grupo pelo menos superficialmente.

10. *Brainstorming* (tempestade cerebral)**:** Muito utilizado nas organizações, o expositor deve criar um clima de confiança e interação formando um grupo único em círculo ou semicírculo; lançar um tema ou uma questão, e pedir o máximo de ideias ou sugestões, ir anotando tudo rapidamente em um quadro; depois da coleta de ideias, passar à análise de todas em conjunto, com mais tempo. Deve ressaltar que vale qualquer coisa que vier na mente, esteja relacionado ou não, e que não serão aceitas críticas ou opiniões.

Recomendações: O problema ou questão lançado não deve ser complexo, a rapidez das respostas evita a autocensura do grupo, buscando a originalidade das ideias, não se anota o autor de cada ideia; a fase de análise é para compreensão e aperfeiçoamento das ideias originais.

11. Fracionamento: O expositor expõe o tema e as diretrizes básicas ao grupo único disposto em círculo; abre-se oportunidade para perguntas e esclarecimentos iniciais; divide-se o grupo em pequenas equipes que discutem o tema proposto; reunir todos novamente em grupo único para nova discussão e conclusões gerais.

Recomendações: Controlar rigorosamente o tempo de cada fase; é indicado para demonstrar a reciprocidade e multiplicidade de opiniões e para promover espírito de equipe.

12. Painel integrado: Dividir o grupo em várias equipes e número de elementos, exemplo: Grupo A – 4 pessoas numeradas de 1 a 4, Grupo B – idem, Grupo C – idem, Grupo D – 3 pessoas numeradas de 1 a 3; subdividir o tema em vários tópicos de modo lógico, para cada equipe discutir; formar novos grupos com os elementos do mesmo número, exemplo: Grupo com as 4 pessoas de número 1, idem com número 2, idem com número 3, idem com 3 pessoas com número 4; pedir aos novos grupos que debatam os resultados da Atividade da primeira fase.

Recomendações: Controlar rigorosamente o tempo de cada fase; procurar dividir as equipes de modo a obter igualdade numérica entre a quantidade de equipes e o número de pessoas de cada equipe.

13. Grupo de Observação/Grupo de Verbalização: Formar um grupo de observação em círculo; formar um grupo de verbalização em círculo no centro do grupo de observação; lançar um problema ou questão para o grupo de verbalização; após certo tempo inverter os papéis, e as posições das cadeiras dando oportunidade aos que observaram para participarem da discussão "obrigando" os que discutiam a observarem.

Recomendações: Ao inverter os papéis o grupo deverá discutir a partir do ponto onde o grupo anterior havia parado; é recomendado para assuntos onde seja importante o reconhecimento de opiniões diversas e quando se deseje aprender a ouvir o próximo.

14. Cúpula: Dividir a classe em pequenos grupos, elegendo um secretário em cada um; aplicar perguntas para debates internos, os secretários anotam as ideias; trazer todos para um grupo geral e os secretários leem as anotações das discussões dos grupos; os outros elementos dos grupos complementam as anotações.

Recomendações: Não deixar polemizar, controlar a participação e o tempo de cada grupo; complementar ou corrigir informações distorcidas.

15. Teste Antecipado: Levar questionários e distribuir à classe, dar tempo para que as questões possam ser refletidas e respondidas; recolher os questionários respondidos, desenvolver o tema da aula de forma expositiva, ao final da aula devolver os questionários e corrigir as questões individualmente ou em grupo, já que o nível de esclarecimento agora torna-se maior.

Recomendações: Deve-se conhecer profundamente os assuntos abordados; controlar o tempo; cuidado com casos especiais em sala (alunos com problemas de leitura e/ou escrita).

16. Perguntas sem Respostas: Distribuir perguntas numeradas; distribuir respostas sem numeração; pedir à classe que seja feita leitura das perguntas em ordem numérica, a classe deve localizar a resposta correspondente; ao término de cada resposta dissertar sobre o assunto.

17. Vareta Mágica: Ficar de costas para a classe, entregando uma régua ou vareta (ou qualquer outro objeto) que deverá circular entre os participantes; bater palmas para parar a passagem da vareta; lançar pergunta e o aluno que está de posse da vareta deverá responder.

Recomendações: Deve-se ter muito domínio da técnica e da classe; há uma tendência ao tumulto já que ninguém vai querer ficar com a vareta na mão, em grupos grandes esta dificuldade se acentua. Respeitar os limites de cada um, inclusive a timidez de alguns alunos, não os forçando a se exporem caso não desejem.

18. Discussão Circular: Dividir a classe em grupos elegendo um coordenador em cada um; a pessoa à direita deve falar durante um minuto e passar a sequência ao próximo da direita; só se pode usar a palavra uma segunda vez após todos terem falado e a discussão ter voltado à sua vez; formar novamente um só grupo e pedir aos coordenadores que exponham as conclusões dos grupos.

Recomendações: explicar muito bem as regras do jogo para não haver "melindres"; os grupos não devem ser grandes para que haja possibilidade de todos expressarem-se; controlar rigorosamente o tempo, os coordenadores de grupos deverão ter relógios.

Lembrete importante: Só participa de qualquer dinâmica quem quiser, não se pode obrigar ninguém a participar. Caso o aluno não se sinta motivado para tal, não insistir – deve-se respeitar a sua decisão.

MÚSICA E A SUA CONTRIBUIÇÃO

A música acompanha a humanidade desde seus primórdios, como elemento que envolve e emociona as pessoas.

De acordo com uma definição clássica, a música é "som estruturado", diferentemente do ruído, que é som sem estrutura definida.

Todos os instrumentos musicais contêm um elemento que vibra, não importa se é de corda, de sopro ou mesmo as cordas vocais de um cantor. As ondas geradas por essa vibração têm uma série de elementos mensuráveis, como frequência e amplitude, transformando-se em matemática pura, antes mesmo de ser arte.

Esses elementos são os que nos permitem identificar tanto as notas que são tocadas como o som caraterístico de cada instrumento. Entretanto, mesmo que seja possível identificar tecnicamente vários de seus componentes, como ritmo e frequência, muitos elementos da percepção musical ainda estão longe de serem entendidos.

A música tem uma força transcendental e atua no Ser de forma individualizada e com características distintas. Uma mesma música poderá trazer recordações tristes para um, melancólica para outro e de alegria para alguns.

A música age no Espírito!

Está presente em todas as culturas, das mais conhecidas às de difícil acesso, como as indígenas mais remotas, por exemplo. Nas ancestrais e na contemporaneidade.

Aliás, a música marca épocas, gerações, vidas! Está presente também sob uma infinidade de formas e formatos. Tem um apelo científico, mas é arte; é racional, contudo em algumas (senão em muitas) vezes é inexplicável, é irracional.

Cada um de nós tem lembranças vinculadas às músicas!

Enfim, a música tem recursos incalculáveis que auxiliam sobremaneira na condução de uma aula, quer seja na abertura, no encerramento, ou até mesmo usando-a como tema central. Existem letras de músicas que são verdadeiras aulas.

Tenha certeza de que os alunos sairão cantando-a, lembrarão da mesma ao longo da semana e, sempre que a ouvirem, a mente recuperará o conteúdo que está associado à mesma.

É recomendável que se leve a letra numa folha à parte e a reprodução seja de boa qualidade, feita aos poucos, ou seja, gradativamente, retirado o som, deixando-se ouvir a voz do grupo. Evite os gritos e estimule que cantem sussurrando, sentindo (mais que ouvindo) a sua voz.

Será uma aula de extrema validade, que será lembrada por todos durante muito tempo, senão pela vida!

OUTRAS TÉCNICAS LÚDICAS

1. Desenho: Os participantes são incumbidos de interpretar, fazendo uma gravura ou desenho da mensagem, do assunto da aula. Pode ser feito individualmente ou em grupo. Podem, ao final, colocar o nome ou não na folha.

2. Poesia: A aula ou uma parte do assunto deverá ser comentada em versos, criados ou lembrados pelos alunos em grupo ou individualmente. O expositor deve trazer algumas poesias como auxílio, caso contrário, poderá haver um silêncio ensurdecedor.

3. Palavras Cruzadas: Preparar uma palavra-cruzada com palavras chaves do assunto abordado, colocando-a em um cartaz ou entregando numa folha, e no decorrer ou no final da aula, os participantes deverão, individualmente ou em grupo, preencher ou completar a palavra cruzada.

4. Mímica/Interpretação: Trazer uma mensagem relacionada com o tema da aula, que deverá ser lida e interpretada pelos participantes.

5. Mensagem: Similar à Mimica/Interpretação, o expositor deverá trazer várias mensagens que estejam aderentes ao tema, colocá-las numa caixa ou saco e, na medida em que a aula for transcorrendo, irá pedindo para que tirem e leiam a mesma.

6. Jogos: Preparar um jogo ou brincadeira para antes ou depois da aula, relacionado com o assunto da mesma. Verificar a possibilidade com o coordenador/dirigente da turma.

7. Distribuição de Perguntas: Distribuir perguntas escritas aos participantes, que deverão ser respondidas no decorrer ou no final da aula.

Outros recursos, tais como jogo da força, objetos diversos, vídeos, brincadeiras entre outros, podem ser usados seguindo critérios de aderência total ao conteúdo. A criatividade de cada um deve ser usada e exercitada no limite do bom senso e adequada às necessidades e condição de cada local onde será aplicado.

21

OS DIFERENTES PÚBLICOS E SUAS CARACTERÍSTICAS

"Não te esqueças que os estranhos são amigos que você ainda não conhece."
Abraham Lincoln

Já vimos no início do estudo que no processo da comunicação existe o emissor, que é aquele que fala, e do outro lado, o receptor, que é aquele que ouve e recebe a mensagem. O emissor pretende levar sua mensagem de forma inteligente, clara, objetiva, accessível, entre outros objetivos, e do outro lado o receptor espera por tudo isso aliado a um bom desempenho do emissor, no caso o Expositor.

Se tudo correr como esperado e planejado, teremos as duas partes desse encontro felizes e realizadas. É o famoso ganha-ganha. O Expositor ganha atingindo o seu objetivo e o público ganha obtendo a informação esperada e não perdendo o seu valioso tempo.

Contudo, sabe-se que uma série de fatores interferem na comunicação, prejudicando-a e atrapalhando a sua emissão.

Essas interferências são chamadas "ruídos de comunicação" (já estudamos) e prejudicam diretamente o processo de comunicação, afetando sobremaneira a performance e, consequentemente, o resultado final.

Podem ser de vários aspectos e formas e, como iremos abordar agora, o desconhecimento do público alvo é um desses ruídos ou interferências.

Por isso a relevância de se contatar antecipadamente o dirigente ou coordenador do curso, escola ou da tarefa, para os alinhamentos necessários ou vice-versa. Isso é tecnicamente chamado de *briefing*. Essa prática é essencial para se atingir o sucesso de uma apresentação.

O QUE É O *BRIEFING*

Termo em inglês muito utilizado no meio corporativo, especialmente no publicitário, jornalístico e de eventos. A sua tradução para o português significa "resumo". O Dicionário Houaiss da língua portuguesa (2001) dá destaque dizendo que o significado se trata de uma criação brasileira e que é: "o que é necessário para a execução de uma missão."

Em síntese, é um conjunto de informações ou uma coleta de dados para o desenvolvimento de uma Atividade. É uma conversa que se deve ter antes de qualquer aula, preleção ou apresentação, com os responsáveis pelo convite, caso não conheça a Casa ou os cursos. Tem o objetivo de levantar o maior número de informações possíveis para que se possa customizar, ou seja, adequar e ajustar a nossa apresentação para aquela oportunidade, tentando da melhor forma possível, contextualizá-la diante da realidade que os alunos e a Casa estão vivendo naquele momento. Isso mostrará que há interesse pelo que estão passando, além de reforçar o caráter de pesquisador que todo Expositor é. Essa atitude é muito bem-vinda e aproximará o Expositor dos alunos e do público em geral. Ponto positivo!

Geralmente deve-se procurar entender:

• No tocante à apresentação e aula

Informação adicional ao conteúdo, como por exemplo, há quanto tempo a Casa existe? Quantos Colaboradores? Eventos recentes que merecem ser mencionados e informados? Existe alguma recomendação adicional que o dirigente ou coordenador julgam importante e que você deveria saber? Querem que aborde algum tema em específico, fortalecendo a importância dos mesmos? Se pretende aplicar alguma atividade ou dinâmica, é recomendável informar da intenção, perguntando se já conhecem ou se já aplicaram esse mesmo tipo de dinâmica à turma, evitando repetição.

• Características dos alunos/participantes

Quantos alunos e/ou participantes, se são introvertidos, extrovertidos, participativos ou não? Alguém tem algum tipo de deficiência visual/auditiva/física que impeça de aplicar algum tipo de dinâmica?

• No tocante ao ambiente físico, instalações e infraestrutura

Como é o acesso, transporte público, trânsito, local para estacionamento? Qual a voltagem, se há extensões, se existe recurso de multimídia. Averiguar se o ambiente físico, em relação ao tamanho, permite realizar alguma atividade, etc.

Lembre-se de que o motivo da aula ou apresentação é o público e a mensagem só será entendida se houver preocupação com ele, preparando-se e ajustando-se às suas especificidades e características.

A MISSÃO DA CASA ESPÍRITA

É conveniente falar da responsabilidade de uma Casa Espírita quando se fala de público, porque ambos dependem um do outro de forma umbilical. Se uma Casa Espírita não conhecer seu público e dele não se aproximar, estará fadada ao insucesso.

A Casa Espírita é um Posto Avançado da Espiritualidade na terra ou Pronto Socorro Espiritual, como muitos convencionam chamar, entretanto, sua missão vai muito além disso. Costumo dizer e já escrevi na Introdução deste livro, que uma Casa Espírita tem duas Missões precípuas e estratégicas na Comunidade em que está inserida. A primeira missão é a de atuar justamente como um pronto-socorro espiritual, atendendo e atenuando as dores e os sofrimentos dos seus moradores. Isso é o que comumente denominamos de Assistência Espiritual. A segunda Missão, de igual valor, importância, relevância e responsabilidade, é o de levar a informação e o conhecimento, num processo de disseminação e compartilhamento dos valores, das crenças e postulados da Doutrina Espírita, por meio dos vários cursos que podem ser ofertados. Essa missão não é exercida plenamente em muitas Casas Espíritas. Contudo, são esses cursos que libertarão o Ser das amarras que o prendem aos seus vícios e defeitos. Adicionalmente e paralelamente a essa transferência do saber, é apresentado ao aluno o maravilhoso processo de Reforma Íntima. Essa Missão resume-se ao dito popular que diz: "ensinar a pescar e não ficar pescando para o indivíduo".

Essas Missões – da Assistência Espiritual e Doutrinação à Luz do Espiritismo – se bem empreendidas e exercidas na excelência, transformarão os Seres doentes e sofredores que adentravam a Casa Espírita em sadios e conscientes Colaboradores da Seara do Mestre Jesus. De sofredores e pedintes a Colaboradores, num curto espaço de tempo!

Essa é a beleza dessa religião moderna e enobrecedora que não se fecha em hierarquias e títulos, abrindo-se sempre para que novos indivíduos se transformem rapidamente em divulgadores e colaboradores.

O conhecimento dentro da Doutrina está à altura e ao alcance de todos, independentemente da formação, profissão, gênero, raça, condição social, etc. – basta querer, determinar-se para tal, capacitar-se e acessar os conhecimentos contidos dentro da Codificação, nas Obras Clássicas e Complementares, entre outros elementos de pesquisa e estudo. A Seara está aberta e carente de trabalhadores.

CONHECENDO OS VÁRIOS TIPOS DE PÚBLICO

Estudar para atender os vários públicos que adentram uma Casa Espírita e sensibilizar-se com suas características é uma arte que requer dedicação especial dos Colaboradores envolvidos com a Tarefa e não somente do Expositor do dia.

Vejamos os vários públicos que existem:

1. O Curioso e o Visitante da Primeira Vez: formam um grupo bastante heterogêneo, provenientes de diversas crenças e religiões ou não (podendo ser até Ateus, Espiritualistas, etc.), além de diferentes classes sociais e intelectuais. Comparecem à Casa Espírita devido a um vasto e amplo leque de situações: motivados por alguma dor, sofrimento ou apatia, podendo ser para participar de um evento ou palestra pública tão somente, isoladamente ou como convidados de algum amigo ou parente. De certa forma, mas não necessariamente, estão em busca de algo, de um reconforto, de uma palavra amiga, de um novo modelo de religião ou mesmo de respostas que atendam às ânsias, dúvidas e indagações momentâneas, entre tantas outras possibilidades. Pela formação religiosa e conhecimentos adquiridos, baseados em outra compreensão, podem ser reticentes e fechados ao primeiro contato. Deve-se abordá-los com cuidado, não reforçando o medo que os desconhecidos têm do Espiritismo, por meio de falsas e deturpadas informações, como por exemplo: que dentro de uma Casa Espírita tem invocações e "Trabalhos" com Espíritos, como acontece na Umbanda e no Candomblé. O acolhimento deve ser fraterno, a palavra proferida tem que ser acolhedora, alentadora, encorajadora e sobretudo, tranquilizante e de renovação da esperança.

2. Simpatizantes e Visitantes Esporádicos: podem deter algum conhecimento da Codificação, mas de certa forma são conhecimentos pontuais e que "ouviram dizer" ou que "leram em algum lugar e não sabem onde" e por meio desse "picadinho" desestruturado de informações, nem sempre de procedência fiel aos nossos princípios, detêm conceitos potencialmente divergentes, confusos, mesclados com outras crenças e, claro, convenientes aos seus valores, interesses, crenças e hábitos vigentes. É um público aberto a uma abordagem mais ampla e direta, podendo ser apresentado aos programas, cursos e eventos da Casa Espírita.

3. Assistidos e Frequentadores Assíduos: formam um grupo de pessoas que procuram a Casa Espírita com o intuito exclusivo de tomarem um passe. Estão na Assistência Espiritual toda semana e não abrem mão do tratamento espiritual, requerendo sempre atendimento da Equipe de Entrevista e Encaminhamento. São os chamados "papa-passes", sem nenhum menosprezo, julgamento de valor ou depreciação aos mesmos, apenas uma forma carinhosa de identificá-los, diante do público em geral. Deve-se subliminarmente envolvê-los e ir aos poucos direcionando-os para os Cursos e Escolas dentro da Casa Espírita. A experiência que tenho é que nas Casas onde se inclui, dentro das Assistências Espirituais, as reuniões para que os assistidos possam se aproximar dos valores da Doutrina, o índice de retenção e conversão para um Curso é grande. A Aliança Espírita Evangélica tem uma Tarefa com esse propósito, chamada de Vivências Doutrinárias (VD), fórum aberto para se apresentar os valores da Doutrina e tratar o doente e não a doença, enquanto não se encontra nenhum Curso ou Escola para direcioná-los.

4. Alunos dos Cursos e das Escolas: são aqueles que se encontram dentro da Doutrina e estão em busca constante pelo aprimoramento por meio do conhecimento. Entenderam que a nossa Fé tem que ser Raciocinada, base das nossas crenças. Sabem que só entenderão os mistérios por meio do estudo, quebrando dogmas e paradigmas. É um público ávido pelo conhecimento e pela informação. A abordagem deve ser técnica, bem elaborada e contextualizada. São os Colaboradores do amanhã, muito embora alguns não seguirão colaborando na Casa. Não importa, a semente do Evangelho Redivivo foi semeada, está plantada nos corações e em breve, por mais que procrastinem, no tempo certo de cada um, ela irá germinar.

5. Colaboradores e Voluntários da Casa Espírita: são os nossos pares no trabalho diligente, voluntarioso e amoroso da Causa. Alguns ainda não entenderam que a Causa é muito maior que a Casa e se fecham na busca por cargos e posição dentro da hierarquia da instituição. Em breve se abrirão para noções mais fraternas e solidárias, não se perpetuando no cargo, na Tarefa ou no que for dentro da Casa. Essa parcela de colaboradores está sempre em busca de "cargos" de liderança, querem sempre ser dirigente dessa ou daquela Tarefa. Cristalizam-se nessa posição. Se, por ventura, é perguntado o que faz na Casa Espírita, responde sempre que é "dirigente da tarefa tal", em vez de colocar-se como colaborador humilde da Seara. Enfim, não significa que não temos que nos colocar à disposição da Casa para assumir mais responsabilidades de acordo com a necessidade e, evidentemente, compatibilizando com nossas condições, capacidades, possibilidades e disponibilidades. Em hipótese alguma! O que me refiro é que temos que incentivar e abrir espaços para os novos Colaboradores, por mais que isso signifique a nossa saída de cena, indo para um humilde, honroso e valoroso ostracismo, como nos ensina o Apóstolo e Evangelista João em seu Evangelho, em 3:30: "É necessário que ele cresça e que eu diminua".

É sábio entender e, sobretudo, perceber e se movimentar nesse momento neste sentido. Teremos tempo para nos dedicar a outras relevantes Atividades, quem sabe, com nossa experiência e determinação, abrir novas frentes de Trabalho.

PALESTRA PÚBLICA E PRELEÇÃO EVANGÉLICA

As pessoas procuram as Casas Espíritas motivadas pela curiosidade, em busca de esclarecimentos e, geralmente, em busca de algum auxílio. Na maioria, buscam se socorrer porque algo os incomoda ou perturba, tirando-os da zona de conforto. Estão angustiados, desesperançados, aflitos, insatisfeitos com algo ou alguém. Estão perdidos, titubeantes, ávidos em busca de um norte a seguir; confusos e vacilantes diante de tantas coisas que o mundo materialista e consumista impõe no dia a dia de cada um de nós, entre tantos outros motivos que encheriam um capítulo deste livro.

A Palestra Pública ou Preleção Evangélica nas Casas Espíritas é a porta de entrada desses Seres que buscam esse algo, às vezes sem saber o que é exatamente.

Portanto, há de se ter um cuidado especial com este evento. Primeiramente, tem-se a importância da recepção que é fundamental para se sentirem acolhidos, aconchegados e, em muitos casos, mais seguros. Como mencionado anteriormente, há tanta informação distorcida sobre as nossas práticas que o neófito fica receoso, querendo sentar-se ao fundo do salão para "qualquer coisa, bater em retirada".

Se a recepção a esses frequentadores de "primeira viagem", ou curiosos, como descrito em Tipos de Público, é importante, acolhendo-os com carinho, respeito, sorriso no rosto e fraternidade – a Palavra que será proferida no dia tem a mesma importância, relevância e responsabilidade.

De modo geral, eles não conhecem o Espiritismo e, no extremo, "temem" a religião. É preciso muita didática, método, conhecimento do assunto, cuidado e clareza na abordagem do tema, fugindo de toda polêmica e fatos controversos para não criar mais confusão na cabeça desses amigos visitantes.

Geralmente, em minhas Preleções, dedico os primeiros minutos para apresentar a estrutura da Codificação, falando dos seus livros e ressaltando os pilares que fundamentam a nossa crença: Ciência, Filosofia e Religião. Costumo também orientar quanto à importância dessa parte, ou seja, a palestra, antes dos tratamentos. Informo que durante o momento em que a Palavra está sendo proferida, a Espiritualidade está atuando em nós, de forma individualizada, e que os tratamentos estão acontecendo, inclusive, desde o momento que adentraram a Casa. Posso, eventualmente, acrescentar, que durante o tempo em que estarei falando, a Espiritualidade atua aliviando a concentração de energias em alguma área do nosso corpo espiritual para refletir, posteriormente, no físico; que estará energizando e vitalizando algum ponto que esteja debilitado e, principalmente, trabalha em nosso campo mental, auxiliando na mudança da sintonia, preparando-nos para receber e absorver o magnetismo do Passe na sua plenitude. Por isso reforço a importância de estarmos presentes de "corpo e alma". Não adianta estar o físico e a mente do lado de fora, pensando em outras coisas. É momento de nos dedicarmos integralmente ao tratamento, uma vez que já estamos ali sentados confortavelmente. Por que não aproveitar esse momento e trazer o nosso pensamento junto também?

Enfim, são de 5 a 8 minutos (já cronometrados), em que apresento a Doutrina de forma bastante sucinta, mas esclarecedora, com foco especial naqueles que, potencialmente, estão na Casa pela primeira vez.

No decorrer do desenvolvimento do tema é importante, de tempos em tempos, citar Kardec, Chico Xavier, Bezerra de Menezes, entre tantos outros expoentes, informando que são nossas referências e pilares. Citar os livros da Codificação e os das Obras Complementares, deixando alguma indicação para leitura (é muito interessante também). Geralmente, a Livraria será procurada para adquirir tal livro ou obra. Apenas um singelo e pessoal lembrete, apesar de toda tecnologia, os livros impressos ainda são boa fonte de receita para as Casas Espíritas e para o Movimento Espírita de modo geral. Indicar livros eletrônicos é perigoso, não só pelo fato da evasão de receitas, mas também pela indução ou estímulo a uma prática que potencialmente (dependendo do site indicado), pode ser ilegal. Tome cuidado ao indicar essa prática e, se puder, ainda estimule a compra de livros físicos. Nesse momento de transição do físico para o eletrônico, ainda se depende de muita adaptação e adequação econômico-financeira.

Não se deve, em hipótese alguma e sob nenhum pretexto, criticar, julgar e posicionar-se contra qualquer instituição, religião, filosofia ou crença. Além de não ser a postura esperada de um Espírita – quanto mais de um Expositor Espírita, não sabemos a origem e a crença das pessoas naquele ambiente, então a prudência é extremamente recomendável.

As palestras são a aplicação dos ensinamentos de Jesus à luz da Terceira Revelação, de forma objetiva e direta: "Conhecereis a verdade e a verdade vos libertará".

Tenha cuidado com aquilo que irá falar, lembre-se da responsabilidade com a Palavra proferida. Ela pode acolher, socorrer, confortar e consolar, levantando os Seres em momentos de profunda angústia e aflição, mas se mal utilizada e ministrada, poderá afastar aquele visitante que adentrou a Casa pela primeira vez. Perdemos esse peixe!

E, com isso e dessa forma, não estaremos afastando-o somente da Casa, a nossa invigilância com o uso inadequado e incorreto da Palavra o afastou, potencialmente, da Causa – do Espiritismo. Vamos lá saber quando ele voltará a bater novamente em nossas portas!

Recomendo aos alunos que só assumam esse tipo de apresentação após um período de treino em aulas privadas. As palestras públicas e preleções devem ser direcionadas para Expositores mais experientes e confiantes, evitando expor os iniciantes a esta situação e colocar em risco todo o Movimento, como já mencionado.

Diante do público, não se estará falando em nosso nome, estará falando em nome do Espiritismo com toda autoridade que é necessária para o momento.

Seja consciente dessa condição e extremamente diligente e vigilante com o uso da Palavra.

O Decálogo da Exposição:

1. Evitar cumprimentos e citações ao corpo diretivo da Casa (senhor presidente, senhor diretor, etc.).

2. Não se autobiografar, omitir toda e qualquer experiência pessoal, evitando o individualismo, personalismo e, principalmente, não se autoelogiar.

3. Evitar referências a futebol, à política e a outros temas mundanos e controversos.

4. Não comparar a Casa e seus espaços a outras instituições onde possa trabalhar também.

5. Apresentar-se vestido adequadamente e seguindo o código de vestimenta informal que estabelece regras de uso geral. Evitar o uso de joias e outras formas vaidosas de se trajar.

6. Ser pontual, chegando preferencialmente uns 20/30 minutos antes da Tarefa. Disciplina é o grande ensinamento, demonstra respeito e consideração.

7. Ter conduta evangélica, baseada na fraternidade e amor ao próximo.

8. Evitar comparações negativas, julgamentos e rotulações.

9. Não fugir ao tema e toda citação deve ser feita com exatidão (livro e nome do autor), facilitando eventual e futura pesquisa pelos ouvintes.

10. Vigiar os vícios e defeitos de linguagem (nés, tás, etc.).

REUNIÃO PRIVADA E AULAS EM CURSOS E ESCOLAS

O foco desses encontros é totalmente diferente das Palestras Públicas e Preleções Evangélicas. Nesse fórum tem-se a obrigação de trazer o resultado da pesquisa e, sobretudo, vivência do tema, para ser compartilhado entre todos os participantes. Não é esperado o testemunho de 100% daquilo que se falará. Contudo é esperado que o Expositor Espírita tenha o compromisso sério, devotado e exemplificado da vivência do conteúdo e com a prática da Reforma Íntima na sua excelência. Sabemos que Expositor Espírita não é santo! Contudo, já falamos que o primeiro a se beneficiar da aula será o Expositor que terá o compromisso de, durante o processo de pesquisa e preparação da aula, vivenciar os ensinamentos morais contidos na mesma.

No caso do Curso Básico do Espiritismo aplicado na Aliança Espírita Evangélica, como em todos os Cursos correlatos das demais agremiações, onde o neófito tem os primeiros contatos com a Doutrina, é altamente recomendável escalar Expositores com mais experiência e conhecimento dos fundamentos. É um público heterogêneo, às vezes com conceitos deturpados sobre nossa Doutrina, cheios de dúvidas e ansiosos por respostas que atendam às suas expectativas, daí a necessidade de maior habilidade e conhecimento no trato com esses alunos.

No geral é importante que o Expositor entenda que a aula faz parte de um contexto, que está inserida numa metodologia que tem objetivos a serem atingidos além do objeto especifico da aula e do conteúdo intrínseco das mesmas.

TIPOS DE ALUNOS

Não adianta deter todas as técnicas e conhecimentos sobre a educação, se não entender que a mesma será aplicada em indivíduos que possuem alta complexidade e diversidade e que, apesar de serem coletivamente idênticos, são individualmente diferentes (e bem diferentes!).

Em cada apresentação e/ou aula, terá esse elemento humano a desafiar o Expositor, transformando a performance sempre em única. Dificilmente (isso para não afirmar que nunca) haverá uma aula ou apresentação similar à outra, por mais que se use o mesmo material e repertório.

Certamente se encontrará os mais diversos tipos de alunos e seus respectivos comportamentos. Tudo isso passa, necessariamente, pelo ambiente de liderança exercido pelo dirigente da Turma e também pela fase em que se encontra o estudo, mas basicamente as personalidades são constantes e as reações são as mais diversas possíveis.

No site educador360.com *(www.educador360.com/gestao/tipos-de-alunos-na-escola)* há uma explicação bastante interessante sobre os tipos de alunos e as habilidades que se deve desenvolver para auxiliá-los na absorção do conhecimento. Vejamos a explicação que trazem sobre o tema:

"Todas as pessoas possuem um perfil psicológico e emocional complexo, envolvendo diversas características de personalidade. É claro que todas elas podem e provavelmente irão se transformar ao longo da vida. Ainda assim existem alguns traços que se tornam mais marcantes em determinados momentos. Com os tipos de alunos na escola, não é diferente.

Dentro de uma sala de aula é possível ver alunos que se destacam por serem inquietos, outros mais esforçados ou ainda tímidos.

Esses traços irão depender de diversos fatores e vão se tornando nítidos para os professores por meio do convívio diário. Ao contrário do que muitos pensam, esse perfil não é aleatório e pode até ser moldado de acordo com a educação recebida.

O ponto em comum entre todas essas marcas, que consideramos entre qualidades e desafios, são as habilidades que precisam ser melhor desenvolvidas de acordo com cada um."

Tipos de alunos

• NAS ESCOLAS •

TÍMIDOS

Torcem para não precisar falar diante de tada a sala e não gostam de se sentir expostos. Muitas vezes são esforçados e tiram boas notas, mas precisam desenvolver mais autoconfiança e aprender a se expressar melhor em grupo.

Habilidades a desenvolver: Autoconfiança, Comunicação, Trabalho em Equipe.

EXTROVERTIDOS

Geralmente são os mais populares. Espotâneos, são capazes de soltar piadas em voz alta para toda a classe e responder perguntas mesmo quando não têm tanta certeza. Apesar da eloquência, as vezes precisam controlar um pouco a impulsividade.

Habilidades a desenvolver: Aprender a ouvir, Autocontrole

CONTESTADORES

Perguntam bastante e não se contentam com respostas rasas. Por serem contestadores, muitas vezes também não se adaptam a todas as regras e talvez até entrem em clima de conflitos com os professores. Se algo der errado, podem ser os primeiros a reclamar.

Habilidades a desenvolver: Resiliência, Paciência, Empatia.

LÍDERES

São aqueles que se tornam representantes da sala, ou então lideram os grupos de trabalho escolar. Se expressam muito bem. Tendem a ganhar a confiança dos demais e tem poder de influência. Talvez sejam um pouco prolixos porque adoram se comunicar e talvez tenham dificuldade de sintetizar as necessidades do todo.

Habilidades a desenvolver: Discernimento, Síntese.

ESTUDIOSOS

Geralmente os professores adoram esses alunos, pois, eles sentam na frente, sempre fazem todas as tarefas e tiram as maiores notas. Precisam tomar cuidado com a pressão que colocam sobre si mesmos e com a competitividade.

Habilidades a desenvolver: Cooperação, Aprender a aprender.

ANSIOSOS

Querem sempre se antecipar. Começam as atividades enquanto os professores ainda estão explicando ou terminam as provas muito rápido, para entregar logo.

Habilidades a desenvolver: Paciência, Atenção, Tranquilidade.

DISTANTES

São pouco engajados e sempre preferem fazer outras coisas em paralelo à aula. Passam muito tempo no celular, desenhando, escrevendo ou até dormindo. Não querem participar e parecem ser desinteressados.

Habilidades a desenvolver: Comprometimento, Engajamento, Interesse.

22

O EXPOSITOR ESPÍRITA

"Ide por todo mundo, pregai o evangelho a toda criatura".
Marcos 16:15

Todo aquele que faz uma apresentação pública é, potencialmente, um Expositor. Muito daquilo que tratamos até aqui – senão todo conteúdo, pode ser aplicado para todos os expositores, palestrantes e oradores indistintamente, independentemente da sua profissão, crença e até mesmo religião.

Entretanto, este capítulo será dedicado exclusivamente para aqueles que se propuseram a ser Divulgadores da Doutrina Espírita, levando a Boa Nova da Terceira Revelação aos mais longínquos e remotos lugares, na busca pela evangelização do Próximo.

Ao assumir o papel de Expositor Espírita, deve-se ter em mente que não se pode apenas contar com o carisma pessoal ou com a boa vontade. Há de se fazer uma profunda e humilde avaliação na busca dos pontos onde se deve melhorar para que a performance seja plena e adequada. Se, após essa avaliação interior, chegar à conclusão de que não reúne as condições e qualidades necessárias, deve-se buscar o aprimoramento para que a arte de comunicar, levando esclarecimentos e informações, seja plenamente atingida e cumprida no campo da ação. Dessa forma, a invigilância não tomará conta do Ser, tornando-o potencialmente ferramenta inábil, podendo causar danos irreparáveis à divulgação da Doutrina, no seu aspecto mais relevante, que é a disseminação dos seus Postulados, Princípios e Valores. Não custa sempre alertar que a Palavra tem uma força tremenda e, se lançada de forma inadequada ou até irresponsavelmente, poderá afastar o ouvinte que pela primeira vez adentrou uma Casa Espírita com o objetivo, tão somente e simples, de conhecer a Doutrina Espírita. Olha só a responsabilidade!

O Expositor Espírita deverá entender que a Tarefa de Divulgador da Doutrina não pode ser menosprezada no seu prévio preparo e capacitação e que requer uma especialização, por mais que o Colaborador se julgue desinibido e sem medo de falar em público, ou mesmo que já seja profissional no campo da oratória, como professores, vendedores, consultores, palestrantes profissionais, etc.

O Expositor Espírita é um colaborador que detém em sua lide uma responsabilidade imensa. Não gosto de diferenciá-lo dos demais Voluntários dentro da Casa Espírita, mas essa Tarefa tem uma especificidade que distingue os seus Colaboradores dentre os demais, naturalmente. É um Discípulo de Jesus como os demais Voluntários, é um Divulgador da Doutrina como os demais também, porém seu Trabalho é equiparado ao de Pedro, Paulo, João, Tiago e tantos outros Apóstolos que compreenderam desde o início que a iluminação da mente, por meio do conhecimento que expande nossas capacidades e potencialidades, faz adeptos comprometidos com a mensagem renovadora e redentora e não somente o uso do consolo, do acolhimento fraterno e caridoso, ou seja, do assistencialismo. Essa Tarefa liberta o indivíduo das amarras ritualísticas, dogmáticas e ignorantes, capacitando-o com as infinitas possibilidades que o Conhecimento oferta. É novamente o uso da sábia frase popular: "Não pescamos. Ensinamos a pescar!"

Esse Colaborador realiza o efeito multiplicador e disseminador, propagando a Doutrina por todos os cantos, não olhando dificuldade de acesso, hora da apresentação, preparação do tema e sua vivência, e nem a que horas chegará em casa, etc.

OBJETIVOS DO EXPOSITOR ESPÍRITA

"O que vos digo na escuridão, dizei-o à luz do dia; e o que se vos diz ao ouvido, proclamai-o do alto dos telhados" – Mateus 10:27.

Esse ensinamento de Jesus resume profundamente a Missão (e neste caso com M maiúsculo) de todos aqueles que estão dedicando o seu tempo e inteligência à divulgação da nossa Codificação Espírita.

Resumidamente tem-se que a Missão fundamental do Expositor Espírita é:

- Informar
- Esclarecer
- Conscientizar
- Consolar

De modo geral:

O Expositor estará **Informando** quando conseguir traduzir num linguajar adequado e propício para seus alunos e público todo o conteúdo constante do objetivo da apresentação, mesmo que o assunto seja complicado e tecnicamente difícil. Ao "debulhar" o tema e interpretá-lo de forma que o entendimento seja absorvido pela maioria, o objetivo foi alcançado.

Estará **Esclarecendo** quando tratar dos temas da Doutrina de forma que o entendimento traga conforto para os alunos e ouvintes. Que a mensagem toque o indivíduo de alguma forma e o faça, por sua livre e espontânea vontade, assumir compromissos com sua transformação interior.

Conscientizará a todos quando destacar as lições morais do Mestre Jesus, contidas no Novo Testamento, foco da Doutrina Espírita.

E **Consolará**, transmitindo ânimo, coragem para superar as adversidades e as "pedras do caminho", fé, esperança, otimismo e o entusiasmo no Ser, por meio de suas Palavras e exemplos. Inclusive neste aspecto, trazendo e compartilhando suas próprias experiências e vivências, sem personalismos e vaidade.

REQUISITOS DO EXPOSITOR ESPÍRITA

É esperado que o Expositor Espírita tenha concluído todos os Cursos oferecidos pelo Casa, no tocante ao estudo da Doutrina e da mediunidade. A boa vontade é determinante, mas deve ser aliada à capacitação. Na Aliança Espírita Evangélica temos o Curso Básico do Espiritismo, a EAE – Escola de Aprendizes do Evangelho e o Curso de

Médiuns, que são a base doutrinária para se entender os pilares filosófico, científico e religioso do Espiritismo, dessa forma habilitando-se para a Tarefa voluntária dentro de uma Casa Espírita. Existem outros cursos de capacitação tais como Entrevista e Encaminhamento, Evangelização Infantil, Curso de Facilitadores de Aula, entre outros. Da mesma forma existem cursos correlatos na FEB – Federação Espírita Brasileira, União Fraternal e na USE – União das Sociedades Espíritas, bem como em outras Casas independentes, divulgando o conhecimento e formando colaboradores para as respectivas Tarefas.

Aliás, é oportuno fazer menção histórica, que as EAEs – Escola de Aprendizes do Evangelho, nasceram dentro da FEESP – Federação Espírita do Estado de São Paulo, tendo a primeira turma sido iniciada por Edgard Armond em 1950.

É importante que o Colaborador que queira seguir nesta Tarefa tenha participado de uma EAE ou equivalente. Em todos os casos há recomendação de que o Voluntário tenha participado e sido aprovado num curso de capacitação específico de Oratória Espírita, ou como chamamos na Aliança – Facilitadores de Aula e Preleção Evangélica.

Não é admissível neste Colaborador, como também nos demais, a presença dos vícios da bebida, do fumo, da maledicência e da gula, entre tantos outros que devemos eliminar. Entretanto, estes são mais ostensivos e a eliminação dos mesmos demonstra o esforço que o indivíduo fez. É o puro testemunho!

Adicionalmente, espera-se que o Expositor Espírita tenha a condução de sua vida em sociedade primando pela ética e bom comportamento, respeitando a tudo e a todos e que sua vida profissional seja aderente à sua crença, não havendo nenhuma linha de interjeição e conflito com os valores do Espiritismo. Espera-se que a vida familiar, no "templo de encontros e reconciliações" – que é o "Lar", seja um ambiente de testemunho e vivência dos ensinamentos contidos no Espiritismo.

POSTURA DO EXPOSITOR ESPÍRITA

É exigido – e não apenas recomendado – que o Colaborador dedicado a esta Tarefa tenha como objetivo a Divulgação da Doutrina e não da sua marca ou imagem. O expositor não poderá aparecer mais que a mensagem, devendo se posicionar o mais discreto, cordato e controlado possível. O foco é a mensagem e os objetivos da mesma. Controle a vaidade e o personalismo!

Vista-se de forma simples e asseada, atendendo aos requisitos mínimos de um código de vestimenta que não precisa ser decretado, mas que se impõe informalmente em nosso meio. Não use camisetas com dizeres que demonstrem sua preferência por esse ou aquele grupo, evitando polemizações e incentivando manifestações contrárias ou a favor.

No caso das mulheres, muita atenção com a roupa, evitando usar tipos que evidenciem o físico. Cuidado para o excesso de colares e pulseiras, sobretudo as que causam barulhos quando se movimentam os braços.

O linguajar deverá ser adequado ao ambiente, mas nada que seja forçado. Trago como exemplo sempre o caso de um expositor de meia-idade, pai de três filhos, que foi dar uma aula na Mocidade e na busca por aproximação, quebra de barreiras e aderência de linguajar, acabou sendo ridicularizado porque usou termos que somente os jovens naquela idade usam entre si. Enfim, todo zelo e cuidado são bem-vindos e todo excesso é desnecessário.

Já realçamos a importância das técnicas, reforçando que as mesmas não devem se sobrepor ao sentimento e ao conteúdo e deve-se utilizá-las sem extravagâncias, exibicionismo e "tecnicismo". Evite o excesso de formalidade, que afasta o público de modo geral e procure não ser enfadonho e monótono, de modo algum. O Expositor deve ser didático e dinâmico, seguindo o programa planejado. Evite e controle toda possível e eventual fuga ao tema, bem como avanços na aula seguinte, leituras longas e improvisos diversos.

Quando se deparar com atitudes inconvenientes e que estejam atrapalhando o bom andamento da aula ou da exposição, deve-se recorrer ao dirigente para que ele interfira, mas diante da falta de atuação do mesmo, deve-se agir de maneira fraterna, mas séria, esclarecendo que tal evento o está atrapalhando, evitando com isso que a aula seja prejudicada.

É recomendado e já mencionado anteriormente, que o Expositor contate o dirigente da turma ou da tarefa previamente, para maior esclarecimento quanto ao público e ambiente, entre outros assuntos pertinentes, evitando contratempos no decorrer da sua apresentação.

Tenha atenção aos vícios de linguagem às vestimentas para não ser rotulado pelos alunos em função da prática excessiva ou uso dos mesmos. O expositor dos "nés", do "gerúndio", dos termos americanizados, do vestido curto, da camisa com dizeres políticos, etc.

Atitudes que devem ser evitadas:

1. Falar baixo demais ou aos gritos ou ainda de maneira monocórdica, ou seja, num tom só.

2. Ler a aula ou a projeção.

3. Permanecer estático, ou seja, sentado ou em pé sempre no mesmo lugar.

4. Desordem em classe (conversas paralelas, agitação, etc.), deve-se intervir e mostrar autoridade. Entretanto, esse evento significa que algo precisa ser modificado nas suas próximas apresentações (regra das Lições Aprendidas). Rever por meio de um novo planejamento o conteúdo, a didática e o método aplicado, a motivação, as atividades inseridas, etc.

5. Pessoas perguntando ao mesmo tempo (dar atenção por ordem, ao levantar dos braços). Caso haja esta situação, reduzir o volume da voz ou mesmo parar a exposição até que a classe perceba que o comportamento está inadequado.

6. Mau humor e cara feia. Se você teve um dia cheio, brigou com a esposa, marido ou chefe ou vem passando por dificuldades momentâneas, desligue-se de tudo isso e ligue-se com o seu Mentor Espiritual para que te auxilie em conectar-se com o seu propósito, tornando-se instrumento da espiritualidade. Essa é a única maneira de nos desvencilharmos dos problemas que assolam a todos, indistintamente, e nós não seríamos as exceções a esta regra. Não é verdade?

7. Perguntas inadequadas e mal dirigida (Já abordamos esse assunto no capítulo Respondendo a Perguntas Consideradas Difíceis, mas vale a pena ressaltar novamente aqui neste item):

Exemplos: "Gostaram da aula? Resposta: Não", ou, "Estudaram a aula? Resposta: Não". A pergunta mal formulada ou inadequada para o ambiente pode ter uma resposta atravessada, especialmente se a turma é grande. De repente, do fundo da sala, meio silenciosamente, sai uma resposta que nos desequilibrará. Não é recomendado perguntar se estudaram a aula. Isso é de responsabilidade do dirigente ou coordenador do curso.

8. Não exemplificar/vivenciar o que transmite. Faça o que eu falo, mas não faça o que eu faço. Lembre-se do exemplo da padaria!

Importante ressaltar:

1. O Expositor deve manter-se sempre dentro do assunto da aula que está ministrando, evitando tocar no assunto da aula seguinte e retroceder para aula anterior de forma exagerada. Tente contextualizar a aula entendendo o programa do curso.

2. As Obras Básicas são a espinha dorsal e o alicerce da exposição, base de nossas pesquisas e estudos.

3. Tomar cuidado com expressões e informações muito técnicas, controversas ou típicas do nosso meio, bem como alguma referência ofensiva, agressiva ou depreciativa a outras religiões. Nós não sabemos quem está na plateia como ouvintes, especialmente em palestras públicas e preleções evangélicas, onde há pessoas provenientes dos mais diversos cultos, crenças e religiões, como já abordamos anteriormente.

4. Evitar citações exageradas de autores espirituais ou encarnados, sem citar a fonte de onde foram extraídas. Lembremo-nos da prática nociva da eisegese.

5. Cuidado com o proselitismo, dogmatismo, paradigmas e radicalismos. A nossa Missão é informar, esclarecer, conscientizar e consolar.

6. Durante a aula ou apresentação, abster-se de emitir opiniões pessoais sobre temas mundanos e quando for dar alguma opinião sobre temas relacionados com a Doutrina, informe que esse é seu entendimento e não do Espiritismo.

7. Eventualidades acontecem e por isso pode ocorrer de você ter assumido um compromisso para dar aula ou uma preleção e não poder ir, por isso é interessante e prudente ter sempre um ou dois nomes que possam substituí-lo nessas emergências.

8. Submeter-se periodicamente a programas de reciclagens dos mais variados assuntos para adquirir maior vivência na Doutrina e no movimento.

O Expositor deve ter em si que a tarefa é agradável, gratificante e edificante, mantendo-se, desta forma, sempre motivado e apto para a sua perfeita condução, irradiando confiança, alegria e disposição.

No início existirá certa dificuldade e receio, o que é plenamente aceitável e natural. Contudo, com o passar do tempo e a prática, toda insegurança tende a diminuir, trazendo confiança e desinibição.

O que não pode existir é o complexo de inferioridade e o apequenar-se diante dos desafios:

- Será que estou à altura da tarefa?
- Será que tenho bagagem literária para isso?
- Como o público vai reagir à aula/apresentação?
- E se alguém perguntar algo que não sei?

Caso essas dúvidas perambulem em nosso Ser, volte ao capítulo onde tratamos do Medo e releia-o e, adicionalmente, pratique sempre o orai e vigiai, rogando apoio para a sua Tarefa. Não estamos sozinhos nesta empreitada. Lembre-se disso!

A disposição mental deve ser fortalecida e basear-se, sobretudo, em construir em nosso íntimo a necessidade de falar, mas não apenas da "boca para fora", e sim transmitir o que se vivencia, em toda a plenitude das experiências, com todos os sentimentos que nos são gerados. Devemos aproveitar todas as oportunidades que nos são colocadas às mãos.

Quanto maior a prática, maior será o aprendizado e, consequentemente, os fatores que permitirão segurança e harmonia nas apresentações.

LIDERANÇA SERVIDORA

"O Discípulo de Jesus é aquele que deixou de ser conduzido para conduzir" (Edgard Armond): isto é liderança.

O Expositor passará a ser líder onde estiver, sendo, contudo, cobrado integralmente que exerça essa liderança pelo exemplo e não pelo que falou em suas palestras, aulas e apresentações. Novamente o exemplo já mencionado do Expositor na padaria e da velha expressão: "Faça o que falo, mas não faça o que eu faço!"

O Expositor terá que dar o testemunho vivencial das suas aulas, por isso o primeiro a se beneficiar de uma aula será ele mesmo.

Será voz ouvida em toda Casa, superando inclusive as paredes da sua Casa, alcançando o Movimento Espírita. Diante dos alunos ou numa apresentação aberta ao público, não estará falando em seu nome exclusivamente e, ouso dizer, nem tão somente em nome do Movimento como um todo, estará sim, e com toda a autoridade necessária, representando Jesus, como os apóstolos fizeram. Por isso essa liderança é exigente – nos cobra constantemente provas de que estamos preparados para seguir adiante, dando o testemunho do Ser comprometido com a entrega e com os exemplos e, ao mesmo tempo, é amorosa, envolvendo carinhosamente com os incentivos que se recebe por meio dos elogios e críticas construtivas e também pelos resultados obtidos. O importante é não esmorecer e estar sempre vigilante.

Essa liderança é a que chamamos de Liderança Servidora, onde somos compelidos a servir para liderar, colocando em prática na essência o exemplo de Jesus quando lavou os pés de seus discípulos.

As Virtudes dessa liderança são:

- Comprometimento & Envolvimento
- Entrosamento
- Vivência
- Responsabilidade
- Atualização
- Entusiasmo
- Disciplina
- Resignação
- Fraternidade e Solidariedade

Todos estes atributos são imprescindíveis para o dia a dia do Expositor Espírita.

MOTIVAÇÃO & ENTUSIASMO

Somos seres constantemente influenciáveis pelas ações do meio no qual estamos inseridos. Temos tendências a variar nossas disposições mentais e físicas, dependendo do que ocorre ao longo do dia. Muitas vezes, em nome da razão ou de algum receio, deixa-se de acreditar na possibilidade de algo dar certo e perde-se a oportunidade de concretizar e realizar um feito.

Isso é o que o Expositor tem que ter em mente constantemente, ou seja, não esmorecer diante das adversidades do caminho e das constantes interferências do meio aonde se relaciona ou convive.

Será sempre um convite para um *happy-hour*, uma festa, um compromisso que exigirá ficar no trabalho até mais tarde (e que sempre ocorrerá no dia da Tarefa na Casa Espírita), preguiça de "enfrentar" o trânsito, doença do "primo da sogra" (ou de outro "des"conhecido), eventual discussão, entre outras coisas, culminando com a desculpa de que está chovendo. Quando essa última desculpa for usada, esqueça, realmente você não tem a motivação e o entusiasmo necessários para seguir adiante na Tarefa de Divulgador do Espiritismo, ou mesmo para qualquer outra Tarefa que seja, porque todas exigem disciplina. A lição que Chico Xavier recebeu de Emmanuel. Lembra? Disciplina, Disciplina, Disciplina.

Tenha em mente que a Tarefa deve ser gratificante e estimulante. Tem que olhar para cada aula, cada apresentação pública ou privada, como oportunidades valiosas de estudo, aprendizado, trabalho redentor e de crescimento moral e espiritual. O trabalho é leve porque a recompensa é muito maior!

A sensação do dever cumprido, o olhar penetrante do aluno, o sorriso nos lábios, a reflexão profunda em torno da vida, o interesse despertado, tudo isso são recompensas que devem mover o Expositor Espírita à frente.

Tenha consciência e discernimento de que o Trabalho é pelo Cristo e não pelo Expositor.

Estar motivado é ter otimismo aliado a comportamento entusiástico, acreditando que tudo vai dar certo.

Quais são as consequências da motivação, aliada ao otimismo?

Primeiro: estimula e contagia positivamente o indivíduo para um objetivo, levantando a moral que eleva a vibração e cria um ambiente fraterno e solidário.

Segundo: Favorece o crescimento e a mudança, pois com um clima de maior intensidade emocional, o indivíduo se dispõe a mudar, a cortar laços cristalizados, "a não recalcitrar contra os aguilhões", como nos ensinou ainda Saulo de Tarso, na narrativa que teve com Jesus Cristo, no ato da sua conversão. Atos dos Apóstolos 9:5.

Terceiro: Com este estado de disposição potencializado, o indivíduo se abre à busca de novas experiências e oportunidades, dando chances para que o processo de transformação interior se estabeleça.

Sugestões para agir com otimismo:

- Passar das palavras à ação. A palavra move, o exemplo arrasta. O Amor é o que Amor Faz! Lembre-se sempre desses ensinamentos.
- Entender que nem todos estão no mesmo momento existencial e não absorverão os ensinamentos, como esperado.
- Simpatia e cortesia sempre, por mais que sejamos afrontados e desrespeitados.
- Pare de se lamentar. Evite dizer: Não sei..., é impossível..., mas...
- Administrar o tempo e não procrastinar.
- Concentrar-se no agora.
- Aprender com as experiências passadas e com os insucessos. Lições Aprendidas.
- Distinguir o essencial do não essencial.
- Planejar, estabelecendo prioridades.
- Desenvolver a autodisciplina.
- Vencer as fobias e os reflexos condicionados.
- Sinceridade e honestidade. Criar ambiente positivo, dessa forma, todos percebem que podem ser sinceros e espontâneos, sem melindres.
- Capacidade de despertar a atenção e o interesse. Atenção é o interesse em ação.

• Nunca desanimar. Tentar – começar – caminhar.
• Eu posso, eu quero, eu consigo.
• Tomar iniciativas, sair da inércia.
• Resignar-se sempre. Errar e aceitar o erro. De vez em quando acertar.
• Cultivar boa saúde física e mental.
• Ter visão criativa.
• Sair da rotina, libertando-se de condicionamentos.
• Ser flexível e tolerante.
• Reservado e respeitador. Compreender os defeitos ou más tendências, vícios, desvios de comportamento e atitudes inadequadas dos nossos companheiros de jornada, sem pré-julgamentos e aferições.
• Empático e solidário com todos ao seu redor, promovendo um ambiente de ternura, brandura e fraternidade.

EXPOSITOR ESPÍRITA NÃO É SANTO

O Espírito da Verdade em *O Evangelho segundo o Espiritismo*, XVII,4 - diz que "reconhece-se o verdadeiro espírita pela sua transformação moral e pelos esforços que faz para domar as suas más inclinações", ou seja, somos também reconhecidos pelo esforço que empreendemos em nosso processo contínuo de Reforma Interior.

O Espiritismo nos conduz para esse fim – o da Reforma Íntima, por meio da vivência e sob as regras fraternas e amorosas da moral-cristã. O Expositor Espírita, imbuído dessa nobre missão, deve se comportar de acordo com os elevados preceitos cristãos, demonstrando sob qualquer circunstância e condição, uma conduta digna, ilibada e respeitável.

Não é requisito que o Expositor Espírita seja "santo", e que pratique na essência tudo aquilo que ele fala. O Expositor Espírita é um Ser em processo de crescimento espiritual como todos os demais alunos e ouvintes o são. Na verdade, naquela reunião, aula ou apresentação, ou melhor dizendo, dentro daquele ambiente onde o Expositor está compartilhando o conteúdo do tema, não tem ninguém melhor do que ninguém, do ponto de vista espiritual. Estão todos no mesmo orbe de reencarnação, ou seja, metaforicamente comparando, na mesma escola e na mesma sala de aula. Portanto nem dirigentes, coordenadores, assistentes, expositores são melhores que os demais indivíduos naquele ambiente. Podem estar em lugares diferentes e distintos, mas à luz do processo de reencarnação, estão na mesma etapa evolutiva.

Contudo, o Expositor Espírita se diferencia dos demais porque é alguém que estudou, teve acesso à informação que liberta das amarras dos defeitos e vícios, é consciente de suas responsabilidades e, por isso, está profundamente engajado e empenhado em manter um elevado padrão moral de conduta e uma vivência cristã real, revisando sempre seus sentimentos, desejos e emoções que qualificam nossos pensamentos e, por consequência, nossos atos. O Expositor Espírita se diferencia também porque assume humildemente o papel do Publicano que reconhece sua insignificância diante do altar, mas que se faz presente sempre, procurando, por meio da vivência dos ensinamentos do Cristo, burilar os seus erros e defeitos, numa busca pela ascensão constante e contínua. E, por fim, nessa linha de raciocínio, o Expositor Espírita se diferencia dos demais porque apesar de todas essas forças da carne/matéria, das pressões do dia a dia no trabalho, na família e na vida social agirem dentro dele, compelindo-o e induzindo-o ao contrário, levando-o a profundas e dramáticas reflexões, ele continua firme e forte no Trabalho Redentor de levar o conhecimento da Boa Nova, que é o Espiritismo, ao seu Próximo sem conhecê-lo, sem medir esforços e sem exigir nada em troca. É a prática do Amor Ágape!

Já sabemos que "o ótimo é inimigo do bom". Você já deve ter lido ou escutado essa frase em algum lugar ou de alguém. Diferente de algumas interpretações que a usam como a máxima da preguiça, eu a utilizo sempre para lembrar que o perfeccionismo pode levar alguém a procrastinar (também conhecido por Lei de Parkinson) adiando aquilo que precisa ser feito só porque ainda não conseguiu atingir o nível de performance que estabeleceu para si. Devemos ter tolerância e caridade para conosco mesmos. Na busca pelo ótimo, deixamos de entregar o bom todo dia!

Trago as mensagens abaixo que são muito aderentes ao que quero dizer. Constam no livro *Seareiros de Volta*, que é um compêndio de várias mensagens de Espíritos ilustres desencarnados, com psicografia de Waldo Vieira. O alerta é do Espírito César Gonçalves, está na página 42 – *Falsas Ideias*, 1ª edição - Editora FEB.

Vejamos:

"— Não me dedico ao bem porque sofro muito.

Claro equívoco.

A provação é inerente ao Planeta e inevitável na vida humana. Urge, no entanto, agir na construção do bem, para que as provas necessárias não nos encontrem desprevenidos, exibindo braços cruzados.

O infortúnio é comparável à tempestade e o crédito de quem vive em serviço assemelha-se à edificação que oferece abrigo contra a intempérie".

Outra mensagem, agora um alerta direto a nós Expositores Espíritas:

"— Não faço preleções em torno do bem, porque carrego muitas faltas.

Eis o engano!

Aguardar a perfeição para indicar o bem impedir-nos-ia de apregoá-la, de vez que, por enquanto, ninguém existe perfeito sobre a terra.

Se as tuas palavras de amor, no conjunto, ainda não refletem todas as qualidades e sentimentos, pondera que, ensinando, aprendemos, e que, apontando o roteiro correto aos outros, somos especialmente obrigados à retidão".

Portanto, não espere ser um "Chico Xavier" para iniciar a Tarefa. Assuma suas falhas, erros e defeitos, e minimize o seu sofrimento, por meio de um profundo mergulho interior e da prática da Reforma Interior. Estabeleça um plano executável de Reforma Íntima e mãos à massa, não espere, não esmoreça, não procrastine, porque o tempo urge (costumo dizer que já ruge!).

TIPOS DE PALESTRANTES E EXPOSITORES

Cada exposição é uma experiência nova, por isso o Expositor se apresentará de formas diferentes, em cada aula ou exposição, podendo variar seu estilo de apresentação, seu vocabulário etc., evitando inclusive a rotulação. Vamos mostrar aqui alguns tipos e estilos de Expositores. Tente se identificar e, se houver alguma recomendação, trace um plano de melhoria para maximizar suas aulas e apresentações. O importante é reconhecer-se sempre em processo de melhoria contínua.

Vejamos:

1. TÍMIDO: Acanhado e muitas vezes provoca insegurança. Não fixa o olhar nos participantes, é trêmulo e vacilante nas explicações. Sofre muito em cada apresentação.

2. IMPETUOSO: Ansioso e apressado. Fala e gesticula descoordenadamente. Responde as perguntas de forma jocosa ou desfazendo da pergunta. Na maioria das vezes não tem autocrítica. A sua ansiedade provoca esquecimento de dados importantes, e nem sempre é criativo.

3. POLIMORFO: Analisa vários temas filosóficos, científicos e religiosos, sob vários prismas. É cativante, não dogmático e atrai pela simpatia, pelo fato de ser aberto a tudo e a todos. Não tem receio de dar sua opinião.

4. MONOCÓRDIO: Monótono, a exposição desmotiva os participantes, geralmente a voz é baixa e no mesmo tom, causando sonolência.

5. TAQUIFEMIA: Fala muito rápido, não dando tempo para alunos e ouvintes absorverem o conteúdo. Esse tipo de apresentação e aula por muito tempo é cansativa e pode causar desconforto aos participantes.

6. VERBERADOR: Fala censurando, reprova energicamente e muitas vezes torna-se enfático e dogmático. Cria seus próprios dogmas, pela visão que tem das coisas, dos fatos e dos outros. Chega a ser intransigente.

7. TERTULIAL (tertúlia - reunião familiar)**:** Faz uma exposição familiar, como se estivesse em sua residência.

8. EMOTIVO: Transmite com emoção quando fala. Envolve a todos pela voz, gestos e olhares. Faz com que aqueles que lhe ouvem sintam o mesmo que ele, provocando a empatia dos ouvintes.

9. EVANGÉLICO: Aquele que só sabe falar sobre temas evangélicos, às vezes torna-se dogmático, se não consegue perceber o espírito da letra. Usa com sabedoria referências bíblicas.

10. ORADOR: Fala em tom de discurso, podendo ser enfadonho; é pregador, sabe utilizar os recursos da linguística, dicção e impostação vocal.

11. BEM-HUMORADO: Alegre, satisfeito, transmite alegria de vida... andando, gesticulando, sorrindo, sem falsidade.

12. FILÓSOFO: Aquele que só fala usando termos filosóficos. Torna-se enfadonho e cansativo.

13. METÓDICO: Rígido, não admite que se saia do caminho traçado, as vezes chega a ser agressivo, barra qualquer um que lhe tente interromper. O diálogo é nulo nas exposições.

14. DIDÁTICO: Segue uma linha de pensamento metódico. Usa de todos os recursos para atingir o objetivo e motivar a assistência. É criativo e estimula os outros a raciocinarem.

15. MELINDROSO: Abate-se a qualquer crítica, inseguro. Sente-se ferido quando é criticado e acha que está sempre certo.

Existe uma forma mais sucinta e mais objetiva de se apresentar os vários tipos de expositores existentes e que nessa abordagem se resumem a:

- **PROFESSOR:** Expõe como se estive em sala de aula. É didático, metódico e detalhista.
- **ORADOR:** É o poeta da exposição. É eloquente e magnetiza o público.
- **PALESTRANTE:** Espécie de fusão entre professor e orador. Alterna características de um e de outro. É o típico e tradicional Expositor Espírita.

Eu gosto de ressaltar, nos cursos que ministro, que diante dos alunos, numa sala de aula, o Expositor é mais um entre eles, sem distinção e, como todos – em busca da perfeição pelo exercício constante da Reforma Íntima. Por isso, entendo que receber o título de Palestrante ou Expositor Espírita poderá nos diferenciar dos alunos e, potencialmente, mas não necessariamente, nos distanciar do objetivo de sermos eternos aprendizes. Fui apresentado ao termo Facilitador de

Aulas no Curso de Oratória que fiz e me identifiquei muito com ele e, desde então, o divulgo com todas as minhas forças e crenças porque, no máximo, ele nos qualifica como bons alunos. Vejamos:

- **FACILITADOR DE AULAS:** Senta junto com os alunos e faz da aula um momento de troca, de vivências e experiências. Reconhece-se como aprendiz e eterno praticante dos ensinamentos da moral cristã. Estimula, aceita, debate e valoriza participação e opinião dos alunos. Não é o centro da aula, tem conduta humilde, mas não pedante, é aberto ao contraditório e ao diferente e, por fim, mas não menos importante, se reconhece em processo de construção, como todo aprendiz o é.

PREMISSAS DO EXPOSITOR ESPÍRITA

Serão 12, numa referência às 12 Tribos de Israel, mas poderiam ser 20, sem nenhuma referência a nada ou poderíamos até encher um capítulo inteiro, porque muito se tem a escrever sobre isso. O importante para o Expositor Espírita é não se prender a culto, rituais e outras amarras que podem cerceá-lo em seu lindo, às vezes vacilante, mas sempre virtuoso caminhar por esta Estrada, que por onde passa leva Luz, Compreensão, Consolo e Esperança!

Vejamos:

1. Conhece e estuda continuadamente os livros da Codificação e usa-os sempre em suas apresentações, dando correta publicidade.

2. Atualiza-se constantemente em relação às Obras Clássicas e Complementares à Doutrina, com muita pesquisa, estudo e leitura.

3. Responsável e diligente com o uso da Palavra, não a utilizando para deturpar, complicar, atrapalhar ou outro uso contrário aos ensinamentos do Espiritismo.

4. Atualiza-se constantemente sobre noticiários e acontecimentos da atualidade, não ficando alheio aos mesmos em relação à sua comunidade, cidade e mundo. O Expositor Espírita é uma pessoa moderna, antenada e atualizada. Não é bitolado e estudante exclusivo dos temas do Espiritismo. Abre-se ao mundo e avalia, pesquisa e busca conhecer todas as tendências e possibilidades contemporâneas.

5. É um hermeneuta, no entendimento profundo de tudo que pesquisar. Sendo seletivo, prudente e criterioso com toda informação que chega em suas mãos. Não estará lendo, pesquisando, estudando ou aprendendo para ampliar sua bagagem tão somente, e sim, para informar, esclarecer, conscientizar e consolar o seu Próximo.

6. Disciplina. Disciplina. Disciplina.

7. Humildade. Expositor não é santo. No meio Espírita não existem títulos, hierarquias, doutores ou celebridades. Estamos todos no mesmo nível.

8. Espírita não se revela pelo tempo que se converteu ao Espiritismo ou pelo tempo que se dedica àquela Tarefa. Isso é carteirada. Revela-se pelo compromisso e propósito firme, dedicado, sempre constante da prática da Reforma Íntima e, paralelamente, da vivência dos ensinamentos da moral cristã.

9. É um Líder Servidor. Não se coloca em pedestal e nem usa do púlpito para vangloriar-se em relação a outros Colaboradores da Casa e da Causa. Exerce uma liderança baseada naquela que Jesus exemplificou quando lavou os pés de seus apóstolos, ou seja, para Liderar, temos que Servir.

10. Entrega-se à vivência dos ensinamentos que levará, sendo o primeiro a se beneficiar daquela aula ou apresentação. Exemplifica e vivencia o ensinamento antes mesmo de falar.

11. É um otimista esperançoso e entusiasta, acreditando que o amanhã será melhor do que hoje e com essa força irradia confiança e esperança a todos que o ouvem.

12. É resiliente e resignado, não esmorece diante das adversidades, críticas e dificuldades. Está sempre se reerguendo, se reinventando e, se for preciso, renascendo das cinzas. É com este espírito de engajamento e determinação de trabalho pelo Cristo, para o Cristo e com o Cristo, que assume com firmeza a Missão de Expositor Espírita, estando sempre preparado para nova aula ou apresentação.

PARTE IV
COMPLEMENTAR

23

COMO PREPARAR UMA PALESTRA OU AULA

"Ajuda-te a ti mesmo, que o céu te ajudará."
O Evangelho segundo o Espiritismo - Cap. XXV

Nesse capítulo iremos colocar em prática tudo aquilo que estudamos até o momento, com o objetivo de preparar um tema para apresentação, não importando se Palestra Pública, Preleção Evangélica ou Aula em cursos e escolas regulares dentro das Casas Espíritas.

Iremos criar um fato hipotético para, a partir do mesmo, iniciar todo o processo, desde o estudo até a apresentação propriamente dita.

TEMA HIPOTÉTICO PARA ESTUDO

Existe uma infinidade de temas que podemos receber para desenvolver nossa apresentação. Nessa simulação, selecionei o seguinte:

TEMA para uma Palestra Pública: "Diferentes categorias de mundos habitados."

Com o tema em mãos, devemos estabelecer um programa de preparo para que o mesmo seja pesquisado, desenvolvido, extraindo-se as lições morais contidas no mesmo, vivenciando e resumindo-se tudo numa apresentação em PowerPoint ou em outro recurso, que oriente a apresentação do Expositor no dia "D".

Então vamos ao trabalho – mãos à obra!

TÉCNICAS DE PESQUISA – 5WH

5WH é um acrônimo em inglês de uma estratégia para o estudo sistematizado e ortodoxo. Podemos dizer que é um método de estudo e pesquisa, por meio de perguntas e respostas.

Vejamos os 5 Ws:
- *What?* (o quê?)
- *Who?* (quem?)
- *Where?* (onde?)
- *Why?* (por quê?)
- *When?* (quando?)

Vejamos o H:
- *How?* (como?)

Colocando em prática, seguindo a orientação da técnica do *briefing* (já estudado anteriormente):

O QUÊ? Tema que será objeto do estudo.

QUEM? Qual o público alvo? Quantidade de participantes estimado? Quem é o dirigente do curso ou da Tarefa?

ONDE? Endereço completo. Acesso, estacionamento, dimensões da sala, voltagem, recursos técnicos disponíveis, etc.

POR QUÊ? Qual o objetivo da apresentação. Comemoração de alguma data? Curso? Qual o programa? Aula anterior e a seguinte.

QUANDO? Dia, hora e duração da exposição.

COMO? De que maneira? Expositiva? Com outros participantes? Durante a Assistência Espiritual?

Esse compêndio de perguntas e respostas já nos dará uma boa quantidade de informações importantes para evitarmos os chamados ruídos e interferências de comunicação. É prudente e relevante atentarem- se para essa prática.

BIBLIOGRAFIA PARA PESQUISA

Deve-se primar, inicialmente, pela ortodoxia, afinal de contas espera-se que o Expositor Espírita tenha conhecimento doutrinário. Portanto o primeiro local em que devemos pesquisar o referido tema, para iniciar a preparação da apresentação, deverá ser nas Obras Básicas da Codificação e, naturalmente, começando por *O Livro dos Espíritos.* Como somos cristãos e nossa base são os ensinamentos do Mestre Jesus, deve-se buscar referências nos Evangelhos também e, a partir daí, estabelecer um plano de estudos e pesquisas complementares.

A Bibliografia que identifiquei para esse Tema, nas Obras Básicas e Evangelho, baseado no exposto é a seguinte:

- *Evangelho de João 14:1 a 3*
- *O Livro dos Espíritos, questões de 55 a 58.*
- *O Evangelho segundo o Espiritismo, Cap. 3 itens 2 a 4*
- *A Gênese, Cap. 6*

Esse estudo preliminar será a base estrutural das pesquisas seguintes, pois nos orientará na seleção daquilo que realmente estará aderente ou não ao Espiritismo. Lembrem-se da orientação contida no CUEE – Controle Universal dos Ensinos dos Espíritos. Nem tudo que for selecionado em nossa pesquisa será verdadeiro ou aderente ao que se encontra na Codificação. Verifique a autenticidade, seja seletivo, cheque a procedência e, sobretudo, tenha senso crítico sobre a informação.

Na sequência, nossa pesquisa seguirá pelas chamadas Obras Clássicas, dos autores consagrados e contemporâneos de Alan Kardec: Léon Denis, Gabriel Delane, Camille Flammarion, Ernesto Bozzano. Os livros editados de cada um deles estão relacionados no capítulo Qualidades Literárias e são de leitura obrigatória e consulta permanente por todos nós.

Em seguida às Obras Clássicas, obrigatoriamente teremos que seguir para as Obras Complementares, que enriqueceram sobremaneira o conhecimento da Doutrina, trazendo esclarecimentos importantes e luz para o entendimento mais popular dos ensinamentos. Possui conteúdo vasto e riquíssimo para orientar qualquer estudo e trabalho.

Após esse processo e havendo tempo suficiente, deve-se colocar o material um pouco "de lado", por um ou dois dias para que as informações se formatem e ganhem estrutura dentro da "nossa cabeça". É um processo de maturação interessante e importante. Caso ainda não tenha experimentado o mesmo, tente exercitá-lo em alguma oportunidade.

Durante esse período de "adormecimento" ou "maturação" deve-se ler assuntos correlatos, conversar com companheiros de jornada que podem oferecer uma nova visão e perspectiva sobre a abordagem e metodologia adequada para se preparar e apresentar o tema.

Como exemplo para o resultado da pesquisa referente às Obras Clássicas e Complementares, para o tema hipotético em estudo, tem-se as seguintes leituras recomendadas:

- *Urânia* / Camille Flammarion
- *A Caminho da Luz* / Emmanuel / Chico Xavier
- *A Vida no Planeta Marte* / Ramatis / Hercilio Maes
- *Os Exilados da Capela* / Edgard Armond
- *Iniciação Espírita* / Aliança Espírita Evangélica
- Fundamental I – Modulo VII do ESDE - Estudo Sistematizado da Doutrina Espírita da FEB

TÉCNICAS DE LEITURA E ESTUDO

No capítulo 9 – Teoria da Interpretação, nos dedicamos muito ao estudo da Hermenêutica, Exegese, Eisegese e Homilética. Relevante a releitura para eventual reforço desses conceitos.

É possível estudar sem adotar nenhuma metodologia ou técnica, contudo e certamente, você gastará muito mais tempo (item preciosíssimo na atualidade) do que se aplicar algum auxílio por meio de alguma técnica. Também sabemos, como estudiosos que somos, que com o passar do tempo vamos experimentando, desenvolvendo e consolidando, naturalmente, nossas próprias técnicas, métodos e meios de estudar. Cada um com a sua, no seu tempo e do seu jeito.

Irei retratar alguns métodos apenas como sugestão e exemplo de como pode-se ganhar mais efetividade e eficiência, atingindo-se resultados mais expressivos. A estruturação do estudo iniciará com o método da exegese (este é um modo de estudo focado no conteúdo), como mencionado no capítulo sobre a Teoria da Interpretação "Exegese é o estudo cuidadoso, criterioso e sistemático de um texto para comentários, visando o esclarecimento ou interpretação do mesmo, com base literalmente no que o autor quis dizer na narrativa".

Ainda constante do referido capítulo: "Diferentemente da hermenêutica, a exegese não busca a contextualização do texto e nem os fatores externos de quando foi escrito. É o estudo mais clássico e cartesiano e pode subsidiar o passo da interpretação do método analítico e mais abrangente da hermenêutica". Passo seguinte do estudo.

(Os textos entre aspas foram extraídos do capítulo 9).

Definir um plano para organizar os estudos em casa é fundamental para ter mais autonomia no aprendizado, melhorando, dessa forma, o desempenho e a retenção do conteúdo. Vejamos:

1. Faça uma leitura geral e rápida para ter uma noção sobre o assunto e da estrutura do texto. Procure ler no mínimo, mais 2 vezes o mesmo texto. Na segunda leitura é momento das anotações e grifar aquilo que achar mais importante. Na terceira leitura é momento de se tirar as conclusões sobre o assunto.

2. Marque o texto corretamente e no momento certo. Muitas pessoas começam a sublinhar partes do texto que vão julgando importante, já na primeira leitura. Evite essa prática logo de início. Caso nessa primeira leitura julgue algo importante, faça apenas uma marcação ao lado para indicar que aquilo deve ser revisto. Na releitura, destaque e sublinhe apenas as palavras-chaves que te auxiliarão no entendimento do texto. Páginas muito sublinhadas não são efetivas.

3. Faça anotações, no livro (como mencionado acima), ou por meio de resumos ou fichamentos. Essa prática é uma ótima forma de se memorizar – de fato – aquilo que foi lido.

4. Leitura em voz alta estimula simultaneamente a memória visual, além da memória auditiva.

5. Coloque em prática aquilo que foi estudado, por meio de respostas a questionários ou mesmo exercitando, ensinando aquilo que você estudou. Quando se estuda com o propósito de ensinar, a absorção do conteúdo é ampliada exponencialmente.

No tocante especificamente à leitura e à interpretação de textos, a concentração e foco fazem parte do processo, inegavelmente. Não saber interpretar corretamente um texto pode gerar vários problemas, afetando o entendimento do conteúdo como um todo.

A capacidade de se entender aquilo que está sendo lido é uma competência importantíssima para os Expositores de modo geral. A relação acima (dos 5 passos para um estudo efetivo e eficaz), baseada na exegese, uma vez que já tenha entendido plenamente o conteúdo intrínseco do estudo, poderá ampliar o entendimento com a contextualização histórica da narrativa, entre outros aspectos que nos conduzirão para uma interpretação mais abrangente baseada nos princípios da hermenêutica, como mencionado acima e no capítulo 9. Reforçando: a hermenêutica não analisa somente o texto e seu conteúdo intrínseco, exclusivamente. Não se restringe ao texto, entende o contexto! Com isso torna-se imprescindível a compreensão de fatores como o momento histórico, político, social, cultural, econômico e até mesmo familiar em que o texto ou livro foi redigido pelo autor.

Na correria do dia a dia, não se presta atenção aos detalhes, às vezes subliminares, presentes em um texto. Achar que apenas uma leitura é suficiente é um erro conceitual grande.

Interpretar demanda paciência, dedicação e disciplina.

Por fim e apenas como complemento ao estudo relativo à leitura e interpretação de textos, temos o chamado analfabetismo funcional, que é justamente a dificuldade de se decifrar e entender as entrelinhas de um texto, qualquer que seja. Há uma grande diferença entre a leitura mecânica, que demonstra apenas o saber ler, da leitura interpretativa, baseada nos estudos que já realizamos. Interpretação que visa expandir o conhecimento criando nossas próprias deduções, convicções e paradigmas.

VIVÊNCIA DO ENSINAMENTO MORAL DO TEMA

Já frisamos que o Expositor Espírita não é santo, mas é um Ser comprometido com a vivência dos ensinamentos do Mestre Jesus, além, claro, de praticante dedicado e disciplinado do processo constante da Reforma Íntima. Além disso, o primeiro a se beneficiar da aula é o próprio Expositor, a partir do compromisso de exercitá-la no seu dia a dia com o objetivo de mais do que levar conteúdo e teoria no dia da apresentação ou aula, levar o seu testemunho baseado na vivência daquele ensinamento.

E aí? Presumo que alguns dos leitores devem estar se perguntando como iremos tirar algum ensinamento relativo ao tema - Diferentes categorias de mundos habitados?

Fácil. Vamos buscar no nascedouro dos ensinamentos morais do Cristo, que são os Evangelhos. O ensinamento contido na passagem relatada por João, diz o seguinte:

"Não se turbe o vosso coração; credes em Deus, crede também em mim. Na casa de meu Pai há muitas moradas; se não fosse assim, eu vo-lo teria dito; vou preparar-vos lugar. E, se eu for e vos preparar lugar, virei outra vez, e vos tomarei para mim mesmo, para que onde eu estiver estejais vós também."

Quais os ensinamentos morais que devemos tirar e trazer para o nosso dia a dia, vivenciando-os até a aula ou exposição?

— Isso é muito pessoal e dependerá de como está o Expositor. Não se pode determinar o que ele deve aplicar, podemos orientar e sugerir como segue:

1. "Não se turbe o vosso coração, crede em Deus, credes em mim também": Esse ensinamento foi dado na véspera da prisão de Jesus, quando ele já sabia que Judas o trairia e Pedro o negaria. Jesus fala a eles para não desistirem (como Judas fez, suicidando-se), mas para acreditarem em Deus e em Jesus sobre todas as coisas. Tudo que nos aflige passará e podemos dar ênfase à serenidade e à resignação diante das provas que passamos no trânsito, no transporte público, na empresa e em todos os locais onde temos que conviver, reforçando as lições da esperança e da paciência dentro de cada um de nós e nas nossas relações.

2. "Na casa de meu Pai há muitas moradas; se não fosse assim, eu vo-lo teria dito; vou preparar-vos lugar": Acreditar que não estamos sozinhos nessa Criação Bendita e Divina. Valorizar a Criação Divina, respeitando nossos semelhantes e próximo. Ter uma postura mais contemplativa e agradecida. Podemos também olhar a natureza e identificar a mão de Deus em sua magnitude, harmonia e beleza. Praticar a responsabilidade social e ambiental – Sustentabilidade. O que eu faço com o meu lixo? Podemos chegar, inclusive, a uma revisão do nosso consumo.

3. "E, se eu for e vos preparar lugar, virei outra vez, e vos tomarei para mim mesmo, para que onde eu estiver estejais vós também.": Demonstra o amor de Jesus Cristo por cada um de nós, pois mesmo nos seus últimos dias, os mais angustiantes e difíceis, foi capaz de dar essa declaração. Aproveitar e declarar amor pelos nossos pais, irmãos, parentes e amigos; reestabelecer laços de amizades com alguém com quem tenhamos rompido ou ligar para amigos distantes.

Enfim, como podemos ver, o testemunho não é algo assistencialista e com a necessidade de alguma atividade fraterna e solidária. Não que isso não seja importante e relevante incluir em nossa preparação. O que quero ressaltar é que a vivência é mais significativa e abrangente e está relacionada com o Ser Integral que somos. A vivência é requerida a todo instante e momento, sem necessidade de lugar e hora específicos.

Podemos levar a vivência para nosso hábito de consumo, por exemplo. Quando falamos disso (rever hábitos de consumo), estamos sendo compelidos a ser mais diligentes, seletivos e responsáveis; menos vaidosos, mais humildes, menos orgulhos e egoístas naquilo que adquirimos. Questionamentos do tipo podem servir de reflexão diária:

Precisamos realmente comprar isso? Será que não posso rever esse tipo de produto, adquirindo similar com outro tipo de embalagem que não agrida a natureza, por exemplo?

E assim vai....

PREPARAÇÃO DO TEMA

Como estamos colaborando para o Cristo e com o Cristo, no campo da evangelização, é imperioso, no momento de começar a montar a preparação, buscar a ligação espiritual, agradecendo pela oportunidade do Trabalho Redentor, pela confiança depositada, solicitando iluminação e auxílio no preparo do Tema. Ligar-se com o Mentor do Trabalho, Escola ou Curso demandante do Tema é extremamente recomendado. Algo como uma preparação simples e singela.

Com todo o material reunido, é hora de iniciar a preparação do escopo, ou melhor, do esboço da apresentação.

Sugiro seguir os seguintes passos:

1. *Brainstorming* (tempestade cerebral em português): prática de se reunir, sem sequência lógica ou cronológica, todo tipo de ideia ou informação. Buscar uma chuva de ideias pessoais.

2. Técnica do QI: Quadro de Ideias. É uma ferramenta sistêmica na orientação da sequência lógica do raciocínio que deve ser desenvolvido na hora da apresentação ou aula. O QI deve ser uma anotação dos pontos a serem abordados. O desenvolvimento do tema deve ser objeto de estudo e assimilação pessoal e de inspiração do Expositor. As exceções devem ser somente a nomes, datas e lugares, devendo ser anotados para consulta caso tenha alguma dúvida. O QI funciona como um roteiro da exposição, orientando os temas e assuntos que devem ser abordados. Pode ser estruturado por tópicos, por exemplo. Dessa forma auxiliará, caso se esqueça de algo importante e também não deixa fugir do objetivo originalmente traçado.

3. Mapa Mental: Uma das principais características dessa técnica é que ela aproveita a forma como nosso cérebro organiza o conhecimento, justamente para facilitar o entendimento de diferentes conteúdos. O sucesso desse método é a associação. Ao organizar as informações de maneira que uma esteja associada à outra, é possível potencializar nossa capacidade de memorização e retenção do conteúdo.

4. Releitura Crítica: Usando o raciocínio próprio de todo material amealhado, reler buscando identificar eventuais falhas ou perguntas que podem eventualmente surgir. É nesse momento que colocaremos a nossa "cara" na apresentação. Traduzindo expressões técnicas ou específicas para um linguajar mais próximo do público alvo.

5. Comprovar a lógica da sequência das ideias, por meio de uma análise simples, averiguando se o desenrolar dos tópicos está trazendo compreensão sistêmica e entendimento do todo, não ficando uma apresentação de idas e vindas, meio truncada.

6. Fazer análise crítica da importância do tema para a vida prática, pois além dos aspectos históricos e técnicos relacionados ao tema, temos que levar a vivência, como já mencionado. Dar o testemunho será de vital importância.

7. Tomar cuidado com personalismos contidos na apresentação. Deve-se retirar toda e qualquer menção, alusão ou referência à pessoa do Expositor, seu feitos e trabalhos.

8. Recursos Audiovisuais: Eu recomendo o uso do PowerPoint do pacote MS Office como ferramenta de apresentação. A projeção atualmente está no bolso, existem celulares com qualidade quase de um projetor. Aliás, fica uma premonição aqui – em breve os projetores estarão para os celulares assim como os retroprojetores (se alguém se lembra deles) estiveram para os projetores – antiquados!

É importante ressaltar sempre, que não estamos "aqui para confundir", contrariamente ao que dizia o Velho Guerreiro – Chacrinha. Não se deve incluir na exposição temas controvertidos, políticos e de aspectos polêmicos, pois isso gerará, potencialmente, posicionamentos por parte dos alunos ou da plateia que será a favor, contra e alguns neutros, desviando do objetivo central do encontro.

Afinal de contas, numa Casa Espírita, por mais que se tenha que estar atualizado em relação a todos os temas e assuntos, não é local adequado para se discutir ou haver posicionamentos contundentes relativo a temas controversos, quanto mais numa apresentação ou aula.

Por fim, o mais importante fator:

Ensaiar, ensaiar, ensaiar.

Nesse ensaio, sugiro fazer a apresentação, se possível, em frente a um espelho, observando a postura, o linguajar (atenção aos vícios) e a gesticulação. Ter em mãos um relógio e controlar o tempo. Variar as palavras, ampliando o vocabulário, utilizando-se de sinônimos. Pode-se gravar o ensaio, facilitando a avaliação, posterior correção e ajustes.

ESTRUTURA DA APRESENTAÇÃO

A apresentação se divide em: Introdução, Desenvolvimento e Conclusão.

Numa divisão de tempo bem simples e racional, pode-se adotar, percentualmente, que se tem algo como: 10-80-10.

Introdução e Conclusão com 10% do tempo cada uma, totalizando 20%, e o Desenvolvimento do tema com 80%. Nada rígido, o Desenvolvimento poderá cair para 75% e esse tempo (5%) ficar alocado onde houver mais demanda no dia da apresentação, quer seja na Introdução ou na Conclusão.

Introdução – 10% do tempo total

É o momento mais importante da apresentação. É onde se estabelecem as bases da apresentação. Geralmente está-se um pouco ansioso e ligeiramente nervoso, dado a expectativa. Tudo normal até aqui!

No caso de palestra pública, deve se posicionar de onde ministrará a apresentação e percorrer o olhar por toda a plateia, estabelecendo vínculo visual com os participantes, na medida do possível, enquanto se fala. Essa regra tem que ser implementada de imediato, sob pena de demonstrar algum tipo de insegurança.

Não olhar "por cima da plateia" como se tivesse alguém lá atrás, nem para baixo e, muito menos, fixamente para um dos eleitos, dentre todos os participantes.

O olhar é fundamental para demonstrar seu controle e confiança. É como se definíssemos – "quem manda nessa apresentação sou Eu (Expositor)" e ponto final.

Esse posicionamento é importante, especialmente no início, porque é quando a atenção de todos estará na pessoa do Expositor e não na apresentação. É nesse momento que devemos também agir com naturalidade e segurança, até transferir esse foco para a apresentação.

É importante ter um resumo da apresentação em mente e dar essa pincelada (*briefing*), transferindo a atenção dos participantes para o tema a ser abordado, dessa forma, cria-se um clima de confiança, respeito e fraternidade entre os atores desse enredo – Expositor e Público.

Não é recomendado iniciar uma apresentação desculpando-se por algum motivo, especialmente pelo conteúdo da mesma. Isso não contribuirá em nada para o êxito e trará, já de início, desconfiança, deixando os participantes "em alerta" para identificar eventuais erros e não conformidades.

Além desse resumo, como "quebra-gelo", pode-se formular algumas perguntas relacionadas ao tema, logo de início, sem, contudo, direcioná-las para o público. Como por exemplo:

Como podemos afirmar que não há vida em outros planetas?

Quando Jesus afirmou que há outras moradas na Casa do Pai, não estava nos afirmando que existem outras vidas além das que temos aqui na Terra? O que vocês acham? Bem, vejamos...!

E a partir daí dar início à apresentação.

Se houver projeção, pode-se passar diretamente para a mesma, pois toda atenção se concentrará nela, especialmente se houver imagens. É um recurso muito útil e interessante.

Após esse momento inicial, o Expositor já terá encontrado a segurança necessária para seguir adiante com a apresentação.

Desenvolvimento – 80% do tempo total

É o meio da apresentação, abordagem do assunto central ou da ideia-mãe. É o desenvolvimento do tema em foco propriamente dito. Deve-se apresentar os pontos principais com ordenação lógica, didática e metódica, sempre com sustentação do tema por meio de exemplos, citações, comparações, embasamento técnico-científico, dados estatísticos e pela própria vivência do Expositor. Adequar a apresentação e o linguajar de acordo com o público sem, contudo, exceder-se incorrendo em erro, como o exemplo já dado do Expositor numa aula na Mocidade.

Seja convincente com seus argumentos, praticando a eloquência e a dialética, atributos que devemos treinar e desenvolver. Entretanto não devemos ser pedantes e chatos em nossas argumentações.

Evite a todo custo discutir com os participantes. Caso houver alguma provocação neste sentido, deve-se silenciar e acatar os argumentos, sem contestá-los. Fale que ao final da apresentação poderá conversar melhor e elucidar os fatos.

O uso de recursos audiovisuais e multimídias são importantíssimos e recomendadíssimos nesses tempos modernos para dinamizar a aula, entretanto, cuidado para não serem o centro das atenções.

A aplicação de dinâmica de grupo, se possível, realçará os ensinamentos e auxiliará na retenção dos mesmos, como já estudado.

Conclusão – 10% do tempo total

É o encerramento da apresentação (ufa!). Deve-se realçar a ideia--mãe, ou seja, o objeto da apresentação, para que fique fixada na mente coletiva e individual. Lembremo-nos de Edgar Dale e sua Pirâmide do Conhecimento; quanto mais repetirmos, mais forte a ideia chegará aos participantes, auxiliando na retenção da mesma.

Não se pode chegar ao final sem estar preparados para o encerramento da apresentação. Isso é demonstrado quando o Expositor sai com uma dessas frases:

"Acho que era mais ou menos isso que eu havia preparado."

"Não sei se havia mais alguma coisa para dizer."

Há outro tipo de encerramento pior que o dessas perguntas?

Sim, pior que existe. É o encerramento abrupto.

De repente e do nada o Expositor agradece e comunica, dizendo "Era isso que eu tinha preparado..."

É no encerramento que se deve reafirmar tudo aquilo que se apresentou e, sobretudo, é nesse momento que o Expositor pode tocar fundo nos sentimentos dos participantes. De modo geral, o ápice da apresentação e a forma como a apresentação será lembrada são atingidos no final.

Pode-se encerrar com uma frase de efeito ou citação que tenha aderência com o tema central, com uma música que funcionará muito bem para recuperar a memória da aula, com uma reflexão que os incentive a algo, uma história ou narrativa, entre outros recursos.

O importante é preparar-se para o encerramento com o mesmo afinco e empenho que se teve durante a Introdução e o Desenvolvimento do Tema.

MEMÓRIA

Regra Básica: "NUNCA CONFIAR NA MEMÓRIA"

Essa regra não quer dizer que se deve decorar textos ou exposições completas, como os atores o fazem. Na aula ou apresentação, o Expositor não estará representando. A bagagem literária e doutrinária deve estar consistente e atualizada por meio do hábito da leitura, pelo estudo, e pela participação em palestras, reciclagens, etc. O Expositor Espírita é cobrado cotidianamente pela vivência dos ensinamentos, deixando de ser bom teórico.

Na apresentação ou aula, o que se deve memorizar é a ideia central, a linha mestra que permitirá o desenvolvimento do tema de forma natural e espontânea.

COLA OU LEMBRETE

Recurso interessante quando não for usar a projeção na aula ou apresentação. Como geralmente os temas costumam ter assuntos e abordagens extensas, levar o QI (quadro de ideias) ou outro tipo de método, anotado num caderno, livro ou assemelhado, é de suma importância. Cuidado apenas para não aparecer na frente dos alunos e ouvintes com folhas e folhas escritas como longas dissertações. Isso vai assustar de cara a todos e pode se tornar meio enfadonho, pois "já imaginam o tempo que levará".

Gosto muito (e elogio) o Expositor que traz junto consigo esse recurso. Isso demonstra primeiramente que ele se preparou, é organizado e que tem responsabilidade com o conteúdo, pois nada passará "em branco". Além do mais, demonstra comprometimento, devotamento e disciplina entre outras virtudes. Conheço um Expositor Espírita (colaborador das antigas) que seu caderno de anotações é disputadíssimo!

Devemos ter muito cuidado com o efeito "Mata-Moscas" que é o efeito do papel que é agitado constantemente no ar, tirando a atenção dos ouvintes e produzindo aquele barulho típico.

RECOMENDAÇÕES IMPORTANTES

Como encerramento de todo esse estudo, trago algumas recomendações finais, a saber:

1. Visitar o ambiente ou local onde irá ministrar a aula ou apresentação; conhecer os responsáveis (quem convidou), o que se espera, qual o tempo, recursos existentes. Quantos alunos/participantes e se há algum com PNE (portador de necessidades especiais), etc.

2. Qual a melhor técnica a ser adotada? Conheça seu público alvo, as características da aula e, por fim, adote a técnica em que você se sente melhor e mais seguro para transmitir a mensagem com clareza, segurança, objetividade e assertividade.

3. Jamais passe a ideia de que devemos nos posicionar por meio de julgamentos, polemizações e discussões tolas.

4. Falar sempre dos seus sentimentos e não dos outros, nesse campo não podemos filosofar.

5. Lembrar que analisar preconceito é um fato, mas aceitar é outra coisa. Policie-se nesse sentido, especialmente em tempos modernos, onde a diversidade de gênero está presente.

6. O bom, dedicado e empenhado Expositor nunca está satisfeito com suas aulas. Uma aula nunca será igual a outra. Busca sempre reestruturá-las, com foco no aprimoramento contínuo agregando novos conceitos e exemplos.

7. Aceita com humildade e resignação qualquer tipo de crítica ou sugestão, entendendo sempre que são orientações para a melhoria contínua no processo. Pode, de tempos em tempos, sem mostrar-se inseguro ou vaidoso, buscar após a aula a avaliação do dirigente.

8. Expositor apático e enfadonho, que não coloca dinamismo e entusiasmo nas suas aulas, está na Tarefa errada.

9. Toda citação deve ser precedida ou sucedida de sua respectiva referência, dando os reais e merecidos créditos aos reais autores da mesma. Cuidado com citações de nossa autoria, que entendemos necessário para o momento, e que para dar credibilidade à mesma damos autoria para um dos nossos Mestres. Isso é a prática da eisegese, que diferentemente da exegese, deve ser abolida.

10. Estar na condução de uma apresentação, sendo o foco das atenções e estando revestido da autoridade que essa posição nos dá, poderá alimentar os defeitos do orgulho, da vaidade e do personalismo, entre tantos outros. Esteja vigilante para que essa tendência (natural no nosso meio) não aplaque as virtudes que te levaram a assumir essa Tarefa e retire de você os bônus-horas, arduamente conquistados.

24

DICA FINAL: ELIMINE O PRECONCEITO

"É mais fácil desintegrar um átomo do que um preconceito."
Albert Einstein

A Gênese, capítulo 1, item 36:

"Com a reencarnação, desaparecem os preconceitos de raças e de castas, pois o mesmo Espírito pode tornar a nascer rico ou pobre, capitalista ou proletário, chefe ou subordinado, livre ou escravo, homem ou mulher. De todos os argumentos invocados contra a injustiça da servidão e da escravidão, contra a sujeição da mulher à lei do mais forte, nenhum há que prime, em lógica, ao fato material da reencarnação. Se, pois, a reencarnação funda numa lei da natureza o princípio da fraternidade universal, também funda na mesma Lei o da igualdade dos direitos sociais e, por conseguinte, o da liberdade."

Preconceito é uma opinião que é formada antecipadamente, sem um mínimo de conhecimento, ponderação, contextualização ou interpretação dos fatos. Trata-se de uma ideia preconcebida, que leva o indivíduo (preconceituoso) a ter inconformismo, aversão e intolerância em relação a outras etnias, raças, regiões, religiões, pessoas, cor da pele, posição social, opção sexual, entre outros aspectos.

A Doutrina Espírita – especialmente pelo ensinamento destacado do livro *A Gênese* acima, esclarece que antes de sermos homens ou mulheres, negros, pardos ou brancos, africanos, asiáticos ou sul-americanos, ricos ou pobres, inteligentes ou não, somos Espíritos, criados por Deus, da mesma forma, ou seja, simples e ignorantes.

A missão do Espírito é expandir suas potencialidades e capacidades através do processo de evolução sistemática e contínua, por meio de várias experiências, entre elas, como encarnados. Desta forma, aos poucos, vai-se desenvolvendo e aprendendo a usar os atributos Divinos aflorados no Ser com muita responsabilidade, discernimento, prudência e sob a égide e coordenação da inteligência.

A única superioridade que deve distinguir uns dos outros, e mesmo assim, sem desprezo e preconceito pelo próximo, é a superioridade moral.

Já detentores dessa condição (elevação moral), teremos desenvolvido as virtudes da caridade, fraternidade, amor e justiça, afastando de nossa influência todo tipo de preconceito, egoísmo e orgulho, porque nos elevará à condição de verdadeiros Discípulos de Jesus, aproximando-nos dos nossos Mestres e Orientadores Espirituais.

Não podemos afirmar que existe uma realidade única e absoluta para todas as pessoas, apesar de estarmos no mesmo estágio evolutivo. Cada um de nós tem uma realidade e compreensão distinta, que justamente distingue uns dos outros. As reações diante dos fatos acontecem segundo a percepção de realidade de cada um, e essa percepção é baseada nos valores e crenças que temos, cultivadas e arraigadas no Ser em função de uma série de fatores.

A conduta do indivíduo, de certa forma, é uma reação ao campo das experiências no qual ele está inserido, ou seja, vivendo. Há duas maneiras de viver-se as experiências.

Vejamos:

Conceito: De forma consciente, livre, não alterado pela necessidade ou pelo desejo de se defender, ou seja, estaremos vivendo a situação bem próxima de sua realidade, livre de ideias ou atitudes defensivas. Parte-se sempre de um fato vivenciado. Dessa forma, fortaleceremos as nossas crenças e valores, sem prejulgamentos e baseados na vivência.

Preconceito: As experiências não são efetivamente vividas, é o que se pode denominar pseudoexperiências ou introjeções. Essa pseudovivência gera os preconceitos. Tem origem, predominantemente, em comportamentos defensivos. A título de se defender, rotulam-se as pessoas ou fatos, com base naquilo que se julga pertinente e reforçando paradigmas ofensivos com a intenção de diminuir o outro, frente a nossa pessoa.

As introjeções têm origem, via de regra, nos campos da educação formal, educação escolar, educação no lar, herança social, convivência, influência, propaganda, literatura, opiniões, interpretações, formalidades, etc.

Outro tipo de preconceito, muito mais pessoal e, ao qual somos resistentes e defensivos, são os preconceitos que criamos conosco mesmos. Não podemos mais nos acomodar dizendo que não conseguimos modificar esse ou aquele aspecto da nossa conduta, visto que sempre haverá condições de transformar seus preconceitos em conceitos.

De modo geral, a religião, abarrotada de dogmas, paradigmas e preconceitos, tem gerado mais separações do que promovido união, descrença em vez de fé, crentes em vez de Cristãos, levantando mais muros do que construindo pontes, estabelecendo fronteiras em vez de abri-las, chegando ao cúmulo de promover mais guerras do que paz. Com essa postura, estimula o preconceito velado e endurecido, que as torna feudos de interesses mundanos e caprichos materialistas dos seus mandatários, em detrimento da Causa Divina.

Não nos cabe ficar apontando o dedo para essas imperfeições. Temos que conhecer e identificar esses fatos e erros, cuidando para que o Espiritismo não incorra no mesmo caminho. Evitar a todo custo a confortável posição de julgar e criticar tudo e todos. Não estimular, de forma alguma, qualquer tipo de preconceito em nossa caminhada – essa tem que ser nossa orientação nos palcos, reuniões e salas de aula por onde passarmos levando a Palavra baseada na Codificação Espírita.

Jesus exemplificou, vencendo o preconceito social, de costumes, religioso, intelectual, moral, regional, racial e nunca se abateu ou sucumbiu. Nunca cometeu a falta de respeito de rotular quem quer que seja. Esteve ao lado da prostituta e da adúltera, elogiou os Publicanos e os Samaritanos. Por outro lado, advertiu severamente os orgulhosos e os preconceituosos por acharem-se melhores que os demais. Repreendeu os fariseus severamente e sem compaixão, tomando a defesa dos mais frágeis. Enxergava em cada um, independentemente de quem fosse, seu irmão, filho do mesmo Pai. Colocou sempre os interesses coletivos acima dos interesses pessoais.

Como representantes deste Jesus que nos legou esses exemplos, e imbuídos do compromisso maior de levar a mensagem Redentora da Boa Nova que é o Espiritismo, devemos receber cada um dos alunos e ouvintes como verdadeiros companheiros de jornada e de crescimento.

Não nos cabe julgar, apontar o dedo, criticar e muito menos (mesmo que veladamente), expressar nossos mais petrificados e pesados defeitos no campo do orgulho, agindo preconceituosamente com qualquer irmão que seja, não importando o momento existencial que esteja vivendo.

O preconceito na aula gera ineficiência e descrédito nos objetivos precípuos da Doutrina, além de jogar fora todo compromisso ético-moral com a Reforma Íntima.

Não há espaços para o preconceito na vida do Expositor Espírita.

BIBLIOGRAFIA E CRÉDITOS

Livros

- Apostila e material do Curso de Formadores de Facilitadores de Aulas e Preleções Evangélicas da AEE – Aliança Espírita Evangélica, Regional Oeste/SP.
- Curso para Expositor na Sociedade Espírita/FEB
- Manual do Expositor Espírita – Departamento de Orientação Doutrinária – Regional São Paulo – USE
- Noções Básicas de Exposições Espíritas – P. MEIRA, Rubens – FELIPELI, Milton – USE
- O Livro dos Espíritos – KARDEC, Allan
- A Gênese – KARDEC, Allan
- O Evangelho segundo o Espiritismo – KARDEC, Allan
- Revista Espírita (várias edições) – KARDEC, Allan
- Novo Testamento
- Manual de Técnicas de Dinâmica de Grupo, e Sensibilização, e Ludoterapia – ANTUNES, Celso – Ed. Vozes
- Como Falar Corretamente e Sem Inibições – POLITO, Reinaldo
- Breve História da Ciência Moderna. 3. ed., Rio de Janeiro: Zahar, 2008. (Volume 1 Convergência de Saberes) BRAGA, M. (e outros).
- História da Lógica de Aristóteles a Bertrand Russel. Lisboa: Edições 70, 1985) BLANCHÉ, R.
- Dicionário de Filosofia. Tradução de Marina Appenzeller. Campinas, SP: Papirus, 1993. DUROZOI, G. e ROUSSEL, A.
- Dicionário de Filosofia. Tradução de Gita K. Guinsburg. São Paulo: Perspectivas, 2002. (Coleção Big Bang) BUNGE, M.
- Dicionário Hegel. Tradução de Álvaro Cabral. Rio de Janeiro: Zahar, 1997. INWOOD, Michael.

- Dicionário de Filosofia. São Paulo: Mestre Jou, 1970. ABBAGNANO, N.

- Teoría e Investigación Contemporáneas. Madrid: Mc Graw Hill. Tarpy, R. (2000). Aprendizaje:

- Estudo Aprofundado da Doutrina Espírita – Ciência e Filosofia Espíritas. Brasília [DF]: Federação Espírita Brasileira, 2011. p. 321.

- An Italian Spiritualist and Psychical Researcher. Journal of Scientific Exploration, 2012, 25, 755-773. Gasperini, Luca. Ernesto Bozzano:

- Ernesto Bozzano on the phenomena of bilocation. Journal of Near-Death Studies, 23, 207–238. Alvarado, C. S. (2005).

SITES CONSULTADOS

- www.albnet.com.br/line/trava.htm (Trava-Linguas)
- www.caeng.com.br/banca/travalingua.html
- www2.seduc.mt.gov.br/-/
evolucao-historica-do-processo-ensino-aprendizag-3
- www.educador360.com/gestao/tipos-de-alunos-na-escola
- www.sergiobiagigregorio.com.br/filosofia/dialetica.htm
- blog.scopi.com.br/teoria-u-transformando-organizacoes/
- www.queroevoluir.com.br/timidez/
- www.autoresespiritasclassicos.com
- www.espiritismogi.com.br.

Aliança

Para receber informações sobre os lançamentos da Editora Aliança, cadastre-se no site:

www.aliancalivraria.com.br

Para saber mais sobre nossos títulos e autores, bem como enviar seus comentários sobre este livro, mande e-mail para:

atendimento@editoraalianca.com.br

Conheça mais sobre a Aliança:

www.editoraalianca.com.br

www.facebook.com/pages/Editora-Aliança

www.twitter.com/editora_alianca

www.instagram.com/aliancalivraria